学校教育を
深める・究める

編集 日本学校教育学会研究推進委員会

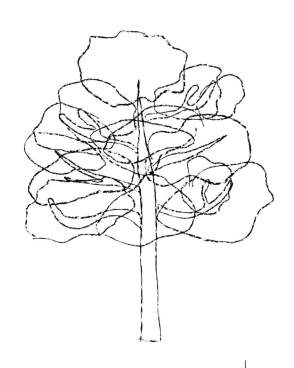

―― 編集代表

原田 信之

―― 著者

安藤 知子

宇都宮 明子

菅原 至

鈴木 久米男

田中 謙

棚野 勝文

蜂須賀 洋一

林 幸克

三村 隆男

三恵社

はじめに

　学校は社会の中でどのような役割を果たすべきなのか、また、教師はどのような在り方をすべきなのか。

　2000年以降拡大・浸透してきた新自由主義的教育改革の中で、公教育のガバナンス構造が徐々に組み替えられつつある。それに伴って、「教職の専門性」は、そのゆらぎが問題視されている。教職の在り様についても制度改革が進められ、高度実践職業人養成のプログラムとしてスタートした教職大学院においては、教育学を学問的に吟味し深化させていくアカデミズムと、学校現場で即座に効力を発揮する実践知や実践スキルの着実な習得を目指す実用主義とのせめぎあいが長らく取沙汰されてきた。

　筆者が日本学校教育学会会長に就任した2019年、これらの社会情勢を視野にいれながら、学校教育の質保障を担う人材確保を議論することを意図して、原田信之委員長に研究推進委員会の活動展開を依頼した。その切り口が、教職大学院におけるミドルリーダー教育の在り方であった。

　しかし、2020年年明け以降の、新型コロナ感染症の拡大に応じて半ば混乱した社会の状況は周知のとおりである。学校現場では、コロナ禍の影響を受けGIGAスクール構想が一気に加速化した。社会全体がステイホームを標榜し、急速にICT活用を要請、人々のコミュニケーションはインターネットを介したコミュニケーションへとシフトしたのである。この変化は今日の学校現場を劇的に変容させ、教師の役割にも大きな変化を促している。

　今、「令和の日本型学校」は、子ども家庭庁とともに手を携えて、内閣府のCSTI（総合科学技術・イノベーション会議）の議論をも受け止めながら展開されようとしている。これからの学校教育の形は、待ったなしに筆者が子どもの頃に夢物語として触れていたSFの世界へと突き進んでいくものと思われる。SFがSFであった時代には、その合理的・効率的で無機質ゆえに清潔で安全な世界の不自然さや非人間性が子どもにもわかる形で示されていたけれども、現在構想されている理想的でスマートな社会像は、一見しただけではその不自然さや非人間性がよく見えない形で喧伝されている。今こそ、次世代の教育を志す者たちは、学校や

教職の社会的存在意義の内実を見つめ、大事なことは何かを、しっかりと議論すべきであろう

　ところで、このコロナ禍には学会活動も多くの制約を受けることとなった。人々が参集して研究協議を企画したり、活発に相互交流を展開したりできない状況は未だ継続している。しかし、その中でも学会活動は休止していたわけではない。筆者は2020年の『年報』で、次のように述べている。

　「学会というコミュニティを形成している以上、学会の持つ資源や強みを生かすからこそできる課題探究に取り組み、その成果を広く世間へ発信し、学校教育実践の質的向上に貢献していくことは重要な社会的使命でもあります。」[1]

　このような考え方のもと、研究大会のオンライン実施や、各委員会主催のオンライン公開研究会の複数開催など、多くの会員の研究交流を保障するよう学会全体で努めてきた。本書は、このような社会環境の変化の中で、研究活動に制約をうけつつも、「研究を止めない」「実践探究を止めない」姿勢を発信しようとした研究推進委員会の取り組みを体現するものである。研究推進委員を中心として、コロナに翻弄されない学校現場に目を向け、そこでの着実な教育実践や教育研究を究めていくための試行錯誤を、それぞれの専門的見地から論じている。

　大きな転換期を迎え、新たなシステムが機能する社会の構築が目指される今日、教師はどのような立ち位置で何を究める必要があるのか。本書が、この点を一緒に考えるプロフェッショナルな仲間を集める契機となることを願ってやまない。原田研究推進委員長には、このような発信の機会を諦めずに形としていただいたことに感謝の意を表したい。

1）安藤知子「巻頭言：50年先を見据えた学校教育研究-2019〜2021年度の学会活動方針-」『日本学校教育学会年報』第2号、2020、p.4.

　　2022年9月

2019.8-2022.8期日本学校教育学会会長

安藤　知子

目　次

第1章　学校組織マネジメントを深める・究める
－学習する組織づくりのディシプリン－

安藤　知子

　今日の学校は、自律的経営を基調とした学校経営を期待されている（小島 2002 など参照）。学校長はじめ副校長や教頭は、学校管理職として "学校設置者から委託されて学校を管理する" のみではなく、教育実践の内容に対して主体的、自律的に意思決定し、自校のさまざまな課題に対して戦略的に対策を考え学校教育活動を展開していくようにリードしなければならない。

　特に 2020 年以降の学校は、新型コロナ感染症による劇的な日常生活の様式変容に伴う教育活動の変更修正や、感染クラスターの発生を可能な限り抑制するための危機管理対応など、多様な不測の事態に対する迅速かつ明確な意思決定を求められている。近隣学校の判断を参考としながらも、学校ごとに直面する課題が異なれば同じように動くわけにもいかず、まさに個々の学校単位で、自校に最善の判断を自律的に取捨選択する経営力が必要となってきているのである。

　このような自律的学校経営を実現するためにも、個々の学校が組織として「学習する組織」へとその在り方を変えていくことが必要である。本稿では、「学習する組織」の在り方とはどのようなものであるかを整理したうえで、学校がそのような組織になっていくことを後押しする学校組織マネジメントのポイントを3つの観点から考えたい。

1．自律的学校経営が求められる背景
(1)　1990 年代終盤〜2000 年代の教育改革

　「学習する組織」とはどのような組織かを考える前に、そもそも自律的学校経営が求められるのはなぜなのかを理解しておきたい。今日、個々の学校が個別の学校単位で教育活動に関する意思決定を行い、必要な責任を負うことはごく当たり前のことのように思われる。しかし、戦後新教育以降の歴史を見るだけでも、このことは思いの外当たり前ではない。国や地方の教育政策立案者側で自律的学

校経営を強調するようになったのは最近 20 年ほどの傾向である。それ以前は、自律的学校経営とは教師や教育経営研究者が国の教育行政方針に対抗して、獲得すべく目指す姿であった。学校は、公教育の質保証や教育機会均等といった観点から均質な在り方を強く求められ、管理職による運営管理が重視されてきた。学校独自の意思決定は大々的に歓迎されるものではなかったのである。

それに対して、大きな方針転換を明示したのは 2000 年 12 月の教育改革国民会議「教育を変える 17 の提案」である。それ以前にも 1998 年の中央教育審議会答申「今後の地方教育行政の在り方について」は、通学区の弾力化や文部省（当時）から地方教育委員会への権限委譲などに言及しており、この流れの中で特に校長のマネジメント能力の向上などが求められるようになっていた。教育改革国民会議の 17 の提案では、「学校や教育委員会に組織マネジメントの発想を取り入れる」とされ、「校長が独自性とリーダーシップを発揮できるようにする」「予算使途、人事、学級編成などについての校長の裁量権を拡大」することなどが提言されている。これを契機としてその後、研修プログラム開発も進められ[1]、学校組織マネジメントや PDCA サイクル、SWOT 分析といった、それまで耳慣れなかった言葉が学校にも広く浸透することになっていった。

(2)　自律的学校経営への方針転換の背景にあるもの

このような政策の方針転換の背景には、1960〜70 年代の高度経済成長期には機能していた学校と社会の接続システムの機能不全に対する人々の課題意識が関わっている。佐藤学は、1980 年代以降の「教育荒廃」に対する学校批判、教師批判に乗じて浸透した新自由主義的イデオロギーと政策によって教育改革のレトリックが「総合的な整備と拡充」から「自由な選択と自己責任」へと転換したことを指摘している。これにより、「教育は社会の『責任』から教育消費者への『サービス』に転換し、次世代の社会と子どもに対する『応答責任（responsibility）』から納税者に対する『説明責任（accountability）』へと転換した」のである（佐藤 2016、158 頁）。学校が消費者としての保護者や子どもが満足する教育サービスを提供しなければならなくなっていると考えるならば、サービスの最前線に立つ個別学校に自律的経営が求められることは、何の不思議でもなかろう。

また、もう一つの背景として国民形成の困難という問題も指摘できる。佐藤が

言う 1980 年代以降の学校不信の状況は、いわゆる教育荒廃という具体的現象からのみ生じているわけではない。社会の情報化、国際化による金融、資本、流通のグローバル化などによる産業社会としての国民社会の枠組みの流動化が、公教育が担うべき国民形成課題の多様化や二元化といった問題に関連しており、「公教育－学校教育システムと社会変化とのズレが種々の学校病理的問題、子どもの学校漬けと学校不適応を生み出してきた」と見ることもできる（堀内 2011、9 頁）。堀内孜は、それゆえに「新たな公」体制、「市民社会」への転換を担う新たな「公教育」システムが設定されなければならないという。そして、「個々の学校がその責任体制を確立して自律的に経営することが、国民の教育意思を学校の具体的な教育活動に反映する方途である」とし、国民の教育意思が実現される方法としての個々の学校レベルでの自律的経営の重要性を論じている（同 2011、38 頁）。

　同時に、子どもの課題の多様化・複雑化は、従来の個々の専門家が緩やかに結びついているような疎結合組織としての学校組織や個業的な教育専門職の在り方の限界を露呈し（佐古 1996 参照）、やがて 2015 年 12 月の中央教育審議会答申「チームとしての学校の在り方と今後の改善方策について」に代表されるようなチーム学校の在り方を求めるようになっていく。一人ひとりが独立した"職人"としてありうる専門職組織から、協働する新しい専門職像への転換が求められたことも、自律的学校経営の重要性を後押ししたといえよう[2]。すなわち、個々の学校を単位とする組織が合理的・機能的に動くことの重要性が強調されるようになってきているのである。

　以上のように多様な背景が複合的に絡まりあいながら、個々の学校が一つの組織体としてのまとまりをもち、主体的意思決定を行う裁量とその結果に対する責任を持つとの見方が一般的に浸透してきている。学校は、個別学校単位で自律的経営に向かわなければならない。このとき、実現されなければならない自律的経営は、率先して教育行政の意向を忖度するような「主体的経営」ではない。消費者の"購買意欲"におもねるだけの「積極的経営」でもない。自分たちで外部環境の変動を見極め、自分たちと関わるステイクホルダーとの対話を通して、公教育組織としての動き方、判断のしかたを意思決定していく組織づくりである。それは、学校組織が全体として「学習する組織」になることに他ならない。

　「学校を学習する組織にしていく」ということを、目標として設定すること

たやすいが、それを実現することは困難である。それでも、学校組織のマネジメントを考える際には「学習する組織づくりのマネジメント」であることを目指したい。そのためにできることは何かを考えなければならないであろう。

2．学習する組織とはどのような組織か

　では、「学習する組織」とはどのような組織なのか。学校は「学習する組織」としてどのような在り方を目指さなければならないのだろうか。ここでは、「学習する組織」論を体系的に実践論として展開したセンゲらの主張から、その根幹部分に関連して2点重要な点を指摘しておきたい。

(1)　新たな知をアウトプットする組織としての在り方

　センゲらの「学習する組織」論では、「学習する組織」とは、「人々がたゆみなく能力を伸ばし、心から望む結果を実現しうる組織、革新的で発展的な思考パターンが育まれる組織、共通の目標に向かって自由にはばたく組織、共同して学ぶ方法をたえず学び続ける組織」である（センゲ 1990/1995、10 頁）。筆者はかつて、学校管理職向けの研修テキストの中で、「学習する組織論」を検討する複数の研究者の見解をレビューしつつ、次のようにその概念のポイントを要約した。

　　　組織のメンバーが学習に動機づけられており、それぞれ主体的に学習し、それによって組織の問題を発見し、改善や変革に向けた行動を起こせること、そうした組織の動態が一過性のものではなく、継続的なものであること（安藤 2011、103 頁）。

　この捉え方の中では、外部環境の変化を見極めることや、多様なアクターとの対話を通して自分たちの意思を決定していくことはいずれも学習である。単純に自分の外側にある新たな知識や技術をインプットすることが学習なのではなく、自分の外側にある環境の変化に応じて新たな判断を創出することや、その判断に基づいて新たに環境適応的な行動をとることなどのアウトプットまでを含んで学習と捉えているのである。まず、組織が新たな考え方や判断の仕方、新たな価値を生み出し、組織メンバー一人ひとりがその方向に沿った職務行動をとるように

なっていくことが重要であることを確認できる。

(2)　学習する組織と自己防衛する組織

　また、エドモンドソンは、日々変化する環境や組織課題に応じながら柔軟かつダイナミックに動く組織の在りようを「動詞としてのチーム＝チーミング」と表現した（エドモンドソン 2012/2014）。そのチーミングを促進するリーダーの役割として、学習するための骨組みを作ることがきわめて重要と指摘し、フレーミングについて論じている。そこで彼女は、「一般に、仕事について自然に生まれるフレームの多くは、本質的に自分を守ろうとするものだ」と喝破する。しかし、「人々はリフレーミングして、自然に生まれる保身のフレームを思慮深いあるいは学習本位のフレームへ変えることができる」とも言う（同 137 頁）。無意識に自己防衛に関心づけられているフレームを、明確な目的の共有を契機として意図的に学習本位のフレームへと再構成していくことが重要になる。

　フレーミングとは、その名の通り人々の思考のフレーム（枠組み）を設定していくことである。リフレーミングとは、人々がもともと有している思考のフレームを組み直していくことである。ここで興味深いのは、エドモンドソンが多くの学習している組織の事例分析を重ねながら、自然に生まれるフレームの多くは自己保身のためのものであると指摘している点である。実際に、自分が所属している様々なチームや組織を想起した時に、これを否定できる人がどれほどいるであろうか。もちろん、学習本位であることと自己保身を意図していることとは、簡単には切り分けられない。個人が組織の中でより良い在り方をしようとするとき、その動機・目的は「一人前であることを認められたい」、「出来るだけストレスなく仕事を片付けたい」など様々ありうるし、そのために一生懸命学習することもあろう。しかし、この仕事のしかたにおいて純粋に学習することが、すなわち新しい価値や行動のしかたを獲得することそのものが、保身の手段ではなく目的として在り得ているかどうかを問うてみたときに、エドモンドソンの指摘を否定することは難しいのではないだろうか。

　あるいは、手段としての学習であったとしても、自分のための手段であるのか、子どものための手段であるのかと考えたときに、多くの組織メンバーはまずもって自己保身に関心を向けているのではないか。積極的に意思決定し、行動してい

るように見えても、それが子どものためであるよりも先に、教職員のためである場合には、それは「学習する組織」ではなく「自己防衛する組織」である。

　つまり、エドモンドソンの指摘からすれば、「学習する組織／学習する学校」とは、自分たちの保身のためでなく、子どもたちのために行動する学校である。ときにストレスフルな議論も厭わずに、何が子どもにとって最善なのかをきちんと対話し、その中で必要となれば新たな指導・活動なども上手に取り込んでいくような組織である。

　もっとも、このように言うと「学習する組織」では多忙化し、働き方改革ができないように感じられるかもしれない。議論を厭わず対話をするためには、そのための場や時間を捻出する必要がある。そもそもそのような時間や場を確保することが難しいのに「学習する組織」を目指すということは、そのような時間を確保するように組織メンバーに無理を強いるのではないかという懸念である。しかし、これは大きな誤解であろう。「学習する組織」は、公私の別なく仕事に没頭することを求めるものではない。むしろ、自由に柔軟に学習を展開することで従来の囚われに気づき、多くのイラショナルビリーフ[3]から解放されることも考えられる。自己保身ではなく子どものために本当に必要なことは何かを考え直すことから、仕事の仕方はシンプルになっていくと考えることもできる。

3．学習する組織を創出する組織マネジメント

　では、いかにしてそのような「学習する組織／学習する学校」を創出していけるだろうか。センゲらの研究チームは、「学習している組織」に共通するいくつかの重要な観点を5つのディシプリン（discipline）という形で説明している。そして、『フィールドブック学習する組織：5つの能力』ではそれら5つのディシプリンを強化していくためのエクササイズを複数紹介しながら、学習する組織を創出していくための道筋を概説している（センゲ他　1994/2003）[4]。この書籍自体は、営利企業の組織改革を対象として、具体的に導入可能な社内研修のツールなどを紹介する実践書である。しかし、5つのディシプリンの考え方は、営利企業に限られたものではなく、ある目的の達成のために協働する人々の集まりとしての組織やチーム全体に応用可能なものであると考えられる。

　5つのディシプリンとは、①マスタリー（自己実現）、②メンタルモデル、③対

話、④共有ビジョン、⑤システム思考、である。これらがどのようなものである
のかは、センゲらの文献に詳しい。安藤（2011）でも概略を紹介しているので、
ここでは繰り返さずにおきたい。それらの要素がまず重要であることを踏まえて、
学校組織の中で学習本位のフレームを持つチームが動き始めるためにできること
を考えたい。それは、学習サイクルを回すこととリフレクションを意識すること
の二つである。

(1)　学習サイクルを回す

　図1は個人の学習サイクルである。まずは組織メンバーの一人ひとりが学習の
サイクルを回していることを意識し、そのことに自覚的になることが必要である。
学習サイクルは、「前回より少しでも良い実践をしよう」と思う人であれば、誰も
が意識するとしないとにかかわらず回しているものでもある。少し考えてみれば、
この循環に該当するケースは容易に想起できる。

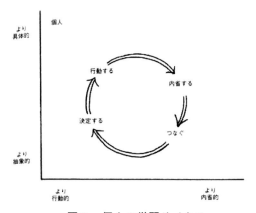

図1　個人の学習サイクル

出典：『フィールドブック学習する組織:5つの能力』、69頁

　例えば、教育実習生の研究授業では、まず教材研究や単元の検討から指導案を
作成〔決定〕し、その指導案に基づいて授業を実施〔行動〕する。そして、評価
の観点に照らして児童生徒の知識修得の程度を評価したり、事後検討会の場で自
らの発問の仕方や板書の仕方、児童生徒の反応の捉え方などを吟味したりして〔内

省する〕。そこでの内省から導かれた児童生徒の学習過程の改善案や、自らの指導上の課題を次の指導案に反映させていく〔つなぐ〕、といった具合である。このような思考と行動の循環は、PDCAサイクルにも似ている。

　このサイクルを個人でなく、組織やチームのメンバー全体で回す。図2に示される〔合同プランニング〕や〔連携行動〕、〔共同内省〕、そして次の合同プランニングへ向けた〔意味の共有〕。これらがメンバー間で息の合ったものとなってきたときに、学習サイクルは個人ではなくチームのものとなるだろう[5]。

　このようなチームの学習サイクルが、息の合ったものとなるために重要なディシプリンが対話（ダイアローグ）であり、ビジョンの共有である。フィールドブックでディシプリンが「能力」と訳されているのは、メンバーが対話をする能力やビジョンを共有する能力を高めることによって組織がまとまりのあるものとなり、お互いの行動や思考を意識しながらこのようなサイクルを回すことができるようになる、という意味であるといえよう。

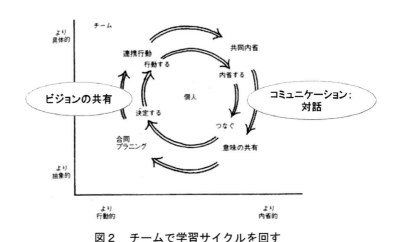

図2　チームで学習サイクルを回す

出典：『フィールドブック学習する組織:5つの能力』、71頁に筆者が一部加筆。

　合同で検討した実践プランが、きちんと足並みのそろった連携行動になったり、あるいは人それぞれに違う職務を分担していてもお互いの役割がバランスよく連携できていたりする場合には、そこにはビジョンの共有がある。ビジョンの共有

は、単純に文字になった目標をお互いに了解していれば可能になるわけではない。文字になった目標が達成されたときの具体的な姿や、そこで意図されている価値や、そこに至るためのプロセスで大事にしたいことの優先順位はどのようになっているかなど、その文字の中身そのものに関する理解がチームメンバーの間で共有されていくことで質的に深まっていくものである。

したがって、これは率直な対話の継続とメンバーの相互理解、一人ひとりの認識のすり合わせの中での意識変容と連動したものである。メンバーが表面的な振り返りや型通りの課題の提示、いわゆる模範解答で良いと思っているとしたら、そこからは自己防衛モードの仕事しか生まれてこないだろう。次の合同プランニングにつながるアイデアの創発を伴う共同内省や、本質部分での意味の共有を可能にするような対話の「能力」が大事になることは明らかである。

(2)　マスタリー（自己実現）とメンタルモデルを意識する

もう一つ、学習モードで仕事に向き合うチームを作るために大切なのは、リフレクションである。図2のようなチームの学習サイクルを回していくためには、ビジョンの共有やその深まりに作用するような対話が大事である。しかし、いくら対話のための時間を確保しても、その対話の中身に深まりや質的な変化がなければメンバーの負担感や徒労感が増すばかりになることは想像に難くない。

そのようなときに、対話の質を変えていく起点は自分である。ある目標の達成に向けて対話をする際、自分はどのような意識をもってそこに参加するだろうか。自分の考えを明確に持っているときには、「他者が自分の意見に耳を傾け、理解・賛成してくれれば状況は変わるのに」と思わないだろうか。あるいは、自分の意見がはっきりせず、誰の意見に賛同していくかを考えているときには、明確な意見を述べるメンバー間の対立意見に対して、「どちらもお互いにもう少し相手の意見に耳を傾けてみれば良いのに。そうしたらそれらの意見は一つにまとまるはずなのに」など、第三者的に状況を眺めていたりしないだろうか。

これらは、目標達成に対する意欲や主体性の程度は全く異なるものでありながら、いずれも自分ではなく自分を取り巻く周囲の環境が変わっていくことを期待する思考である点で共通している。しかし、状況を変えていくためにできることはまず自分が変わることである。自らの内面に意識を向け、自分が大事にしてい

ることや囚われていることが何であるのかを知ることで、変われる部分を発見し、変えられるところからアプローチしていくことが可能になる。

　5つのディシプリンのうち、マスタリー（自己実現）もメンタルモデルも、組織の中での個人のありようや、自身が無意識に持っている価値モデルへの気づきと、それらをチームの中で出し合い共有していくような組織での気づきとの二重のリフレクションの重要性を指摘するものであると考えることができる。そして、自己実現を志向していくリフレクションも、我々が有しているメンタルモデルを探索しそれを浮き彫りにしていくようなリフレクションも、いずれも自分の思考枠組みのリフレーミングを促進する「能力」であるといえる。これらの能力に関心を持ち、そこを深めていくということは、すなわち、人が変わることを期待し続けるのではなく、自分が変わることを起点として人との関わりを変え、状況を変え、そこから人も変わっていくことを見通すような動き方の変化を生み出すということである。

　状況を変えたいと思っているとき、自分の認識が全て正しいという判断を括弧に入れてリフレクションを深め、自分を含めたチームの人々がどのような思考の枠組みに囚われているのかを今一度捉え直してみたい。そこが今までと異なる見え方になるだけでも、対話のありようは変わっていくはずである。

4．究める：システム思考で学校現象を眺める

　さて、センゲらのいうディシプリンのうち、4つの要素を意識しながらチームの学習サイクルを回すことで、学習する組織づくりへ向けたアクションを具体化することができそうである。これに加えて、さらに学習する組織づくりを究めるために、第5のディシプリンを実践知として体得することの重要性にも言及しておきたい。5つのディシプリンの中で最も基盤となるものでありながら、最も掴むことが困難なのがシステム思考である。システム思考とは、「人間の営みをはじめ、あらゆる事物・事象を相互に関連し合った『システム』として捉える見方である。（中略）それは単に、この世界を客観的に眺めることではなく、私たちが現実に、複雑なシステムに主体的に働きかけていくための基礎となる世界観なのである」（センゲ 1994/2003、15-16頁）と説明されるようなものである。

　これを理解するための具体的なワークショップとして、営利企業組織を対象と

するものではビール・ゲーム（同 39-73 頁参照）がしばしば紹介される。ただ、学校組織の場合には、ビール・ゲームでシステム感覚を掴むのは困難ではないかと思われる。そこで、コップの水を汲むことを例とするシステム循環の説明を手掛かりとして考えたい。センゲは、図３と図４を示し、「私はコップに水を入れている」という説明について以下のように述べる。

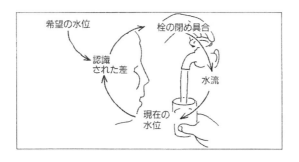

図３　コップの水を汲む
出典：センゲ『最強組織の法則』、98 頁

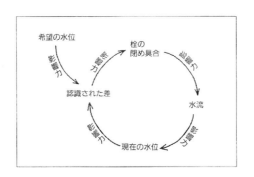

図４　コップの水を汲む〔システム図〕
出典：センゲ『最強組織の法則』、100 頁

「じつはこれは、『私が水位を上昇させている』、さらに厳密にいえば『蛇口の栓に置かれた私の手がコップに流れ込む水量をコントロールしている』という一方的な因果関係を意味している。（中略）しかし、同じプロセスの残

りの『半分』だけを表現した場合、それもまた真実といえよう。つまり、『コップの中の水位が私の手をコントロールしている』ということだ。」(同 101 頁)

　見方を変える、自らの視点の置き所を変えることによって、そこで生起している現象の意味は全く異なった説明のしかたをできるものとなる。このような視点の置き所を変える思考訓練を重ねることで、常に自分を中心においた現象の因果連関から自由になることができるだろう。自分もその一部に含まれる、もっと大きな事象全体のシステム的連関をイメージしながら、全てが複雑につながり合っているものとして捉えられる世界の中での組織／チームの動きであることを理解していくことが、システム思考の力を高めていくことにつながる。

　ただ単純に「物事は全てつながっている、複雑に連関している」という知識的理解にとどまるのではなく、この部分の抽象的思考を実践に即して実感し、体験的に理解していくことで、学校組織マネジメントを究めることができると考える。理論と実践の往還を繰り返し、「システム思考で考える」という理論知が、具体的な実践知となったときに、頭で考えるだけの学校組織マネジメントから、「行為のなかで省察し、行為について省察する」専門家（ショーン 1983/2007）によるプロフェッショナルな学校組織マネジメントへと羽化するといえよう。

5．終わりに：ミドルリーダーの立ち位置

　本章では、予測不可能な社会的変動が次々と展開する今日の環境下で、個々の学校が主体的に意思決定していくための組織マネジメントについて論じてきた。個々の学校が独立した組織体として主体的に自校の目的（＝育てたい子どもの姿やありたい学校教育の姿）を設定し、その目的に向かうための組織メンバー一人ひとりの職務行動が息の合ったものとなっていくためには、まず第一にチームの学習サイクルを回していくことが求められる。その学習サイクルが展開するプロセスでの、対話のありようや共有されるビジョンの質的な深化を目指す組織マネジメントが重要である。

　また第二には、この対話やビジョンの共有を質的に深めていくために意識すべきこととして、リフレクションの重要性を指摘した。あらためて自らが組織の中でどのような在り方をしたいと考えているのか、自分はどのような無意識の価値

前提に立っているのか、同じ組織内の他の人々はどうなのか、そうした人々の思いのありようをマスタリー（自己実現）やメンタルモデルの観点から捉え直し、今一度理解しなおすこと、それによって自分の思考枠組みを再フレーム化していくことが、実際の状況を動かしていくことにつながるであろう。

　そして第三に、このような学習する組織へ向かう組織マネジメントを究めるもう一歩として、システム思考を実践的に理解することを挙げた。今生起している現象を、全体的な相互連関の中で「自分中心の見方から切り取った一断面である」と見ることができるようになれば、また異なる事実の切り取り方がありうることが見えてくる。様々な連関の中で何かが変動すればそれに伴ってあらゆるものが反応を変えることになる。そのことを実感を伴って眺められるようになったとき、大きな動きの中の小さな自己の動きの持つ意味が、積極的で力強いものになるのではないだろうか。ミドルリーダーは、とかく「他者の意識を変えなければ」と躍起になりがちであると思われるが、実は、システム思考を身に付けることでその立ち位置を大きく変えることも可能になるのだと考える。新たな地平を想像しながら、学校組織マネジメントを究めていただきたい。

〈注〉

1) 2002 年 6 月から 2004 年 3 月まで「マネジメント研修カリキュラム等開発会議」が設置され、2005 年 2 月には、全ての教職員を対象とする学校組織マネジメント研修のモデル・カリキュラムが公表されている。

2) 例えば、今津（1996）、紅林（2007）、久冨編（2008）などが、協働する専門職としての新しい教師像について論じている。

3) イラショナルビリーフとは、アルバート・エリスが提唱した臨床心理学用語で、ラショナルビリーフが合理的、論理的で柔軟な信念であるのに対して、「〜ねばならない」など、非合理で非論理的な強い思い込みに囚われているような信念のことを指す。特に、教員に特有のビリーフに関しては、河村茂雄による調査研究で、小学校教員はイラショナルビリーフが強い傾向があることが明らかにされている（河村 1996、44-45 頁）。

4) センゲ他（1994/2003）では discipline を「能力」と訳出しているが、本稿では、discipline をもう少し広く「要素」や「条件」といった意味合いも含むものと捉えたいため、そのままカタカナでディシプリンと表記する。

5）図2は、チームで学習サイクルを回す図となっている。ここでは、「組織」と「チーム」について明確な用語の使い分けを行っていない。比較的少人数の組織のことをチームと表現しているものと考える。

〈引用・参考文献〉

安藤知子（2011）「『学習する組織』としての教師集団を育てる」北神正行編著『「つながり」で創る学校経営』ぎょうせい、101-119頁

Edmondson, A. C. (2012) Teaming: How Organizations Learn, Innovate, and Compete in the Knowledge Economy／野津智子訳（2014）『チームが機能するとはどういうことか』英治出版

堀内孜（2011）「公教育経営の機能と構造」『公教育経営の展開』東京書籍

今津孝次郎（1996）『変動社会の教師教育』名古屋大学出版会

河村茂雄・国分康孝（1996）「小学校における教師特有のビリーフについての調査研究」『カウンセリング研究』第29巻第1号、44-54頁

久冨善之編著（2008）『教師の専門性とアイデンティティー教育改革時代の国際比較調査と国際シンポジウムから－』勁草書房

紅林伸幸（2007）「協働の同僚性としての《チーム》：学校臨床社会学から」『教育学研究』第74巻第2号、174-188頁

小島弘道（2002）『21世紀の学校経営をデザインする（上・下巻）』教育開発研究所

佐古秀一（1996）「学校の組織特性と教師」蘭千壽・古城和敬編『教師と教育集団の心理』誠信書房、153-175頁

佐藤学（2016）「教育改革の中の学校」『（岩波講座 教育 変革への展望1）教育の再定義』岩波書店、151-170頁

Senge, P. M. et.al（1994）The Fifth Discipline Fieldbook／柴田昌治，スコラ・コンサルト監訳（2003）『フィールドブック学習する組織「5つの能力」』日本経済新聞出版

Senge, P. M., et.al（1990）The Fifth Discipline, Doubleday／守部信之監訳（1995）『最強組織の法則』徳間書店

Schon, D. A. (1983) The Refrective Practitioner: How Professionals Think in Action／柳澤昌一・三輪建二監訳（2007）『省察的実践とは何か』鳳書房

第2章　教師としての経験を深める・究める
―ラーニング／アンラーニングの視点―

菅原　至

　教職大学院在籍の現職院生が、教職生活を振り返るような場面で「課題が上から降ってくる」、「やらされる感覚がある」と語ることが少なくない。筆者自身の教職経験を振り返っても、1990年代後半から学校裁量権の拡大が議論され、総合的な学習の時間や選択教科幅の拡大にみられるように、その枠の中ではあるが「やりたいことをやれる感覚」と学校評価、学校関係者評価、教職員評価等によって「やらなければならないこと」が増加したという感覚をもっている。

　本章では「教師としての経験を深める・究める」ということに着目し、以上のような閉塞感を打開する糸口について検討する。

1．「遂行性のパラドクス」とラーニング／アンラーニング
(1)　学校・教師と「遂行性のパラドクス」

　小玉重夫(2013)は、教育政策の基調が「プロセスの管理」から「結果の管理」へ移行し、学校教育に関わる権限を各教育委員会や学校に委譲し、プロセスの規制を緩和し、自由化するかわりに、教育の遂行（パフォーマンス）結果を管理するようになってきていることに注目している。そして、小玉は学校教育の結果を説明する責任が学校や教師の側にあるというアカウンタビリティ（説明責任）の思想が重視され、規制緩和や分権化は学校・教師の自由の拡大につながる可能性がある一方で、このことがパフォーマンスの管理・評価やアカウンタビリティの重視とセットになった状況が、逆に教師のアイデンティティを拘束し、自由を抑圧する「遂行性のパラドクス」が生じていると指摘する[1]。

　このような「遂行性のパラドクス」が生じている学校現場では、学習指導要領をはじめとする様々な基準やガイドラインが、創意工夫のための「ものさし」というよりも統制する「ものさし」として教師に受け止められることが少なくない。こうした現状が、「息苦しさ」をより深刻なものとしているといえ、学校現場の閉塞感を打開することは容易ではない。

(2)　ラーニング／アンラーニングの視点

　このような教育政策に関係する議論とともに、教えと学びの現場から変えていく方向も考えていく必要がある。本章ではこのことを前述のように「教師としての経験を深める・究める」ということを主題にして教師のラーニング（learning:学習）／アンラーニング（unlearning:学びほぐす）やデイビッド・コルブの経験学習サイクルの視点から検討する。

　ラーニングについては、教師が環境（人や人工物、組織構造等）との相互作用において葛藤を伴いながら変化・成長する職場でのプロセス、アンラーニングについては教師が経験によって学び、固定化した考え方を解体し、新たな状況に対応できるように経験を編み直すプロセスと定義し[2]、次のような流れで考察する。

　最初に、教師の職場での学習について学校内の「経験を深める」に関連させ、ラーニングに焦点化して検討する。

　ラーニングの視点からは、学校における教師同士の同僚性や協働的な学びが注目されてきた[3]。しかし、初任者研修や校内研修、行政研修の整備が進む一方で、プライバタイゼーション（私事化）や多忙化の影響もあり、学校という職場での教師の成長について「成長」概念が「技術・知識を網羅的に獲得する過程」や「スタンダードをクリアすることが成長することの意味である」と矮小化されたり、日常の教職生活におけるインフォーマルな発達サポート機能が「痩身化」したりしているとの指摘がある[4]。そこで学校レベルでのラーニングが現在においても色濃く残っていると考えられる小規模小学校の事例を通して教師としての経験を深め、学んでいる様子を確認し、デイビット・コルブの経験学習サイクルとの関係を検討し、今後も継承すべき点を明確にする[5]。

　次に、「経験を究める」に関連させ、アンラーニングに焦点化して検討する。

　アンラーニングの視点から学校の現状を捉えると、教育改革が進み、学校関係者評価や学校運営協議会制度などが導入され、少なくないエネルギーを投入しているにもかかわらず、保護者や地域との連携を深め、学校への信頼が回復しているケースは多いとはいえないという問題が浮上する。子どもや保護者の現状を踏まえたものに学校教育を転換していくには教師の考え方や意識の前提にあるものを問い直すことも必要となる。

　アンラーニングはこの経験によって獲得した知識や認識等を学びほぐし、前提

を問い直しながら編み直していくことにつながっている。アンラーニングはアイデンティティにかかわる葛藤を内在させるが、新たな視野の獲得につながると考えられる。とりわけ、ミドルリーダー以上の教師には教職経験をアンラーニングし、経験を重ねた実践者であっても見えていないものの中に重要な視点があることに気付き、実践の方向性を転換し、筋書きを描き直すことも必要となる。そうした学習の一つとして教職大学院での現職院生のアンラーニングのプロセスについて事例を通して考察する[6]。

2．学校の中での経験によるラーニング

　最初に、初任期の教師の成長や同僚とのかかわりに注目してみよう。若手教師は子どもとの関係に苦労することが少なくない。一方で、若手教師の存在は学校を活性化させるともいわれている。子どもへの指導経験が圧倒的に少ない若手教師は、どのような経験を成長への手がかりとし、このことが他の教師たちにどのように影響を与えているのだろうか。この節では主に「教師としての経験を深める」ということを念頭において若手教師が複数在籍する3つの小規模小学校を調査した際のインタビューの記録やその研究の成果をもとに検討する[7]。

(1)　教師のモチベーションとラーニング

　最初に示すのは採用された年（半年経過）と2年目（1年半経過）の若い教師の事例である。

　ア　子どもたちが「あー分かった」みたいな顔をする瞬間とか、よしと思ったり、よっしゃーみたいな・・・（・・・は中略：以下同じ）何気ない話をしてくれたりとか。（小学校3年担任：1年目）。

　イ　授業が終わっても、休み時間なのに、「もっとあれしようよ」とか、「え、もう国語終わりなの」、みたいなことを言われることが、それってやっぱりうれしい。（小学校4年担任：2年目）

　これらの語りには、若手教師がなかなか手応えを得られない中で、子どもの応答から受け取った感情的な「贈りもの」があったことがわかる。複雑な要素が絡

まり合って、こうやったらこうなるという対象を操作するような性質とは異なる側面を有する教育実践の中で、経験の浅い教師にとっては子どもたちからのこの「贈りもの」は、教職へのモチベーションとして重要であり、実践の振り返りの起点となっている。教師がこのような手応えを感じられたことが、うまくいかなかった授業や子どもとの関係を振り返り、考え直すきっかけにもつながる。このように教師の成長は試行錯誤の中で振り返ったり、考えたりするような手がかりになるような起点が増え、その起点が派生していく過程とも表現できるであろう。

　また、子どもからの「贈りもの」と表現したように、子どもからの応答は教師の感情に訴えかける強い作用をもっている。このことは後述するように中堅教師と若手教師の関係にもみられ、教職が「ケアワーク」や「感情労働」といわれるように他者との応答関係の中に、自らの成長や生きがいを感じる職業であるといえ[8]、ラーニングの基層にこの情緒的な層があることを押さえておく必要がある。

　こうした教職の性格は、教師の教職へのモチベーションともなるが、対象者からの信頼を獲得できなかったときの不安は、信頼を勝ち取ろうとする努力につながるとともに、そのことが多忙化や責任転嫁、教職からの離脱等のリスクにもなりうることには留意が必要である。

　しかしながら、教師は子どもからの応答によってエンパワーメントされながら教える必要に基づいたラーニングによって変容・成長している。次に、このようなラーニングを成立させる場や仕組みについて調査から浮かび上がった点について検討する。

(2)　「なりたい姿」を抱き成長する若手教師と中堅教師

　前述のアとイの事例は試行錯誤をしながら子どもからの応答を通して手応えを感じている若手教師に関係する部分に注目したものである。このような応答が可能になった背景には若手教師が中堅教師に相談し、助言を受け、子どもの実態と教材の関係、指導技術等を自分の教育実践と関連付けて考え、振り返るラーニングがあったからであった。それではいったいどのような形でこのような学校におけるラーニングは成立しているのであろうか。様々なところで紹介されるような学校の組織図からはなかなかこのラーニングの様子をイメージすることは難しい。そこで、学校の中における若手教師と関係する中堅教師や管理職のネットワーク

という観点から捉え直してみよう。

　以下に示す語りはアとイの事例とは異なる同じ小規模小学校のものである。この小学校は3年生だけが2学級の編成であった。ウは一つの学級を担任する初任者の語り、エがもう一つの学級の中堅教師（学年主任）の語りである。

　ウ　困ったらすぐ来ていいからって言われて・・・すぐ駆け込むみたいな・・・。（小学校
　　　3年担任：1年目）
　エ　○○先生（ウの初任者：筆者加筆）と組んだことが一つのきっかけで、いろいろ聞か
　　　れて、私の思うことを言うんだけど、「あれ、これ本当にいいのかな」っていうことは
　　　一杯ありますね。「私はこう思うけどどうかな」みたいな、感じです・・・「なにかあっ
　　　たらいつでも聞きに来てね」って。私も行くんですけれど。（中堅教師：学年主任）

　初任者にとってこの中堅教師は、困ったときには、いつでも飛び込んでいける、教育実践の手がかりを得られる先輩教師として映っている。そこには学年主任ということとともに、教職経験を深めた先輩から学ぶ姿がある。同じ学年を担当しているということもあり、初任者にとっては学級の壁がかなり低く、薄いような状態と推察できる。初任者の教師は「困っていることはなんでも伝える」という。また「この授業こうやろうと思っているんですけど」と相談すると「いいじゃん。やってみな」というような反応が返ってくるという。

　しかも、こうした同学年の関係だけではなく、この初任者は3年目の若手教師である4年生の担任にもよく相談するという。「私、2年後には○○先生（4年生の担任：筆者加筆）のようになりたいな」と思っているという。さらに「10年後にはこういう先生になりたいとか目標になる先生がたくさんいる」とも語る。

　このように若手教師にとっては日々の教育実践を支える先輩から子どもの姿の捉え方や知識・技術を学ぶことがラーニングの一つの側面といえるが、そこから派生する自らが「なりたい姿」をイメージし、そこに近づくために変容しようとすることも、ラーニングのもう一つの側面といえよう。

　次に、中堅教師の語りの中にある「あれ、これ本当にいいのかな」という発言に注目してみたい。新任教師から聞かれることによって自らの教職経験を基にした助言について「本当にいいのかな」と立ち止まって考える機会になっている。

ここには、今まで経験をもとに「こうすれば」という助言をすることに留まらない振り返りを中堅教師にもたらしていると解釈できる。

　以上のように学級間の教師同士の協働は、初任者にとっては、知識や技術をどう使うかというレベルに留まらず、実践に向かうための安心感を与え、実践に挑戦しようとする精神的な支えや自らの「なりたい姿」となり、そこに向かって変容しようということにもつながっている。また、中堅教師にとっては初任者からの問いかけを受け止め、自らの教職経験を振り返り、思考する契機となっている。このように教師間の協働は、ラーニングの機会を創出し、思考を促しているといえるだろう。

　このように安心感のあるなかで教師間の協働が行われ、初任者にはその中で子どもの実態や教材との関係や授業に関係する知識・技術を獲得し、「なりたい姿」に向かって自己変容する様子があった。また、中堅教師にとってはこの協働はこれまでの経験を振り返る機会となっていた。このようなかかわり（ネットワーク）の中に「教師としての経験を深める」ラーニングのプロセスがあるといえる。

　それでは、このような教師間の協働は自然に成立しているのであろうか。次にこのことについてネットワークという観点からより深く検討する。

(3)　ウエッブ型ネットワークとラーニング

　事例ウの初任者が、近い未来の「なりたい姿」として目標にしていた 3 年目の 4 年生の担任は、この時期、地域の授業研究会での授業公開に挑戦することで一回り大きく成長したことが、教頭から語られた。そして、その語りの中に、若手教師を支える体制を意図的につくっていることが次のような発言からうかがえた。

> オ 彼女（3 年目の教師）を一人にしないっていうか、みんな、若者が残りそうだというとか・・・一人にしないということが・・・言葉にはしていないけど・・・とにかく、子どもたちのトラブルがあったら、生徒指導主任がいるのでその先生に報告。一人にしないようにということなんですけど。一緒に考える。（教頭）

　若い教師を支え、育てるための校内のネットワークがつくられ、一緒に考えるような体制を意図的につくっていることがこの発言から捉えられる。子どもや保

護者の多様化が進むなかで発生した問題を解決するためには、背景にあることをしっかり捉える必要がある。そのために、若手教師と中堅教師・教頭が「一緒に考える」ことが重視されている。

　例えば、オに示した事例との関連では、教頭が学校を朝、昼、夕方に回る自らの様子を「回遊魚」と表現し、３年目の４年生の担任を気にかけ、この担任と研究主任との話を聞き状況を捉え、周りの中堅教師を介してサポートするように努めていることが語られている。この小学校だけでなく調査した若手教師の割合が高い小規模小学校では、学校運営の観点からも意識的に教師間のネットワークの活性化を図ろうとしていることが捉えられた。このようなネットワークを活性化するかかわり方を特徴とする組織をどのようにイメージすればよいであろうか。

　経営学者のヘンリー・ミンツバーグ（2006）は、研究所の実験室やプロジェクトチームはネットワークが蜘蛛の巣のように緩やかに結び付き、相互に作用し合い、様々な方向に協力関係の糸が伸びているとして図１のようなイメージを示している[9]。

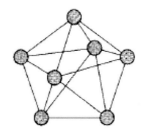

図１　ウェブ型のモデル　（ミンツバーグ 2006）

　また、浜田博文（2007）は「なべぶた」型の校長・教頭以外は横一線に並んでいるという組織観は現実的ではないと指摘し、一箇所が動けば、全体が一斉に動くわけでもなく、強引な動きは意思疎通を困難にするが、個別の教育活動はそれなりに維持されるとして「ウェブ型」組織として捉え直している[10]。

　しかも、次の図２のように中心（校長）の課題意識と教職員の課題意識がつながっているというケースよりは、この中心がないまま動いていることがあることが少なくないと指摘している。

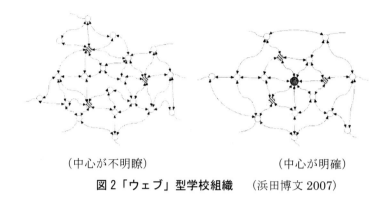

（中心が不明瞭）　　　　　　（中心が明確）

図2「ウェブ」型学校組織　（浜田博文2007）

　調査した3つの小規模小学校においては、中心（校長）が明確で若手教師を支え、育てる体制がつくられていた。例えば、子どもや家族の多様化の中で「特別な支援を要する子どもへの対応」を重視し、校長室をオープンにして、中堅も若手も校長室で語り合うことができるようにし、教室を訪問しアドバイスをしたりするケースがあった。また、校長と教頭との連携を緻密にしながら、全体状況を把握し、方向性を定めて、適切な対応を学年主任等を介して図ろうとするケースもあった。どちらも校長・教頭を中心とした網の目のように張りめぐらされたネットワークを通した相互作用が行われ、その中で情報を共有しつつ対応しているとも捉えられるし、それぞれの学年主任等のミドルリーダーが核となりながら、現実に対応できるように変化するようなラーニングとも捉えられる。

　このことは「特別な支援を必要とする子どもへの対応」や「若手教師を育てる」という方向性を共有した、リーダーシップの分散によって「チーミング」が可能になった状態ともいえる[11]。このように学校内の目の前の必要によって学ぶようなラーニングはネットワーク内のそれぞれの核を活性化させつつ行われているという点で特徴的である。今回取り上げた若手教師が複数いる事例では、若手教師の存在が学校全体のネットワークを活性化させ、相互に作用し合い組織的なラーニングになっていると位置付けられる。

　こうしたことから「教師としての経験を深める」ためにはネットワークを活性化させながら協働することが大切だといえよう。また、「特別な支援を必要とする

子どもへの対応」や「若手教師を育てる」といった学校課題の共有や教師それぞれの役割や状況に細心の注意を払うようなリーダーシップがあるなかで若手教師や中堅教師のラーニングが起こっていたといえるだろう。

　さらに、忘れてならないのは、一人で考える時間を保障している点である。オの事例に関連させながら説明しよう。3年目の若手教師が授業研究会での授業提案をめぐって、周りの教師たちをはじめ、研修センターや大学院で学ぶ現職院生等に相談しつつも、最後は自分で考えを深めることを可能とするため、教頭や同僚教師たちが本人に気付かないような形でそっとサポートしていた。前述したとおり、教頭が「回遊魚」として校舎をまわりながらこの教師の様子を気にかけていることが語られている。そこには、3年目の教師が一人で様々な人とかかわりながら熟考するような時間的な保障をする姿ともいえ、教師が一回り大きく成長するためにはこのような場や経験をさせることが「教師としての経験を深める」ラーニングになっていたということができる。最後に、こうした学校内のラーニングの基盤が揺らいでいる状況にあることを付け加えなければならない。

　カ　どういうふうに（若手教師を：筆者加筆）バックアップすればよいか。なんせマンパワーが少ないので、したくても自分も一杯一杯してあげられなくて、苦しんでいます。
　　　（30歳代後半の研究主任）

　この事例はアとイと同じ小規模小学校の研究主任の語りである。この研究主任は、10年以上の教職経験をもち、若手教師たちからはこの教師に相談し、多くを学んでいることが語られていた。しかし、この事例から分かるように、この研究主任は若手教師たちにかかわりたくても、十分にかかわれないもどかしさを有している。調査した中堅教師のほとんどからそれぞれ異なる事情があるとはいえ、「若手教師にもっとかかわりたい」が、自分の担当の仕事で忙しく「なかなかかかわれない」、「難しい」、「不十分だ」、「もっとかかわらなければ」といったもどかしさがあった。このことから教師の学びが「痩身化」しかねない状況もあることを付け加えなければならない。

　以上（1）から（3）までをまとめると学校内でラーニングが成立するためには子どもからの応答が受け取れるような教える必要につながる先輩教師を含めた同

僚との協働、その協働を成立させるためのネットワークの活性化、さらには、一人で熟考するような時間が「教師としての経験を深める」ことにつながるといえる。また、そうしたいけれども十分にできない背景として時間の問題が浮上している。

　次に、以上の事例の考察をさらにデイビッド・コルブの経験学習サイクルと関連させながら検討する。

(4)　教師の経験学習サイクル

　コルブは経験と学習の関係を、スパイラルな状況や内容に敏感な再帰的プロセスとして描いている [12]。このコルブの経験学習サイクルを松尾睦（2015）は、「経験する」→「振り返る」→「教訓を引き出す」→「新しい状況へ応用する」といったように分かりやすく表現している [13]。ここでは教師を想定し、若干の補足を加えながら説明する。

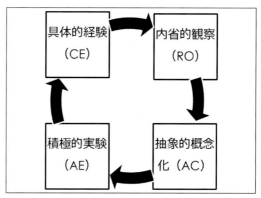

図3　教師の経験学習サイクル
Kolb, David A. (2015) をもとに筆者作成

　「経験する」とは、具体的経験（Concrete Experience: CE。以下、それぞれのモードを同様に省略することを原則とする）のことであり、教師が子どもや同僚等の他者や人工物などの環境に働きかけることによって生じる相互作用である。「振り返る」とは、内省的観察（Reflective Observation：RO）のことであり、子

どもからの反応がよかったというレベルの振り返りから、子どもが見せる反応の背景を家庭の困難や社会的状況などのレベルまで振り返ることも含まれる。「教訓を引き出す」は、抽象的概念化（Abstract Conceptualization：AC）のことであり、経験を一般化、概念化、抽象化し、他の状況でも応用可能な知識等を自らつくりあげ、「新しい状況へ応用する」という積極的実験（Active Experimentation：AE）につなげる。学習はこれら4つの学習モードの間の創造的緊張の解決から生じると経験学習サイクルでは考える[14]。

(5)　経験学習サイクルの視点から浮上する学校・教師の課題

　以下、調査した小規模小学校の事例を経験学習サイクルの視点から検討する。ウェブ型の学校組織のネットワークを活性化させながら振り返り（RO）の時間をなんとか確保し、一緒に考えることによって現実に対応可能な教訓を引き出している（AC）ように捉えられた。また、よりハードルが高い壁を乗り越えようとするときには、個人として熟考する時間（RO＋AC）が確保できるような支援する動きがあった。こうしたことからするならば、経験学習サイクルが一定程度、機能しているように思われる。しかし、そこには仕事の量が多くなり、徐々に仕事をこなすことが優先され、ROやACが疎かになるような様子も垣間見られた。

　現在、取り組まれている教師の多忙化解消の課題は、根深い問題であると考えられる。多忙化が解消されないまま勤務時間終了後、学校からすぐに退勤しなければならないような場合は教師間での振り返り（RO）や、一緒に考え教訓を引き出すこと（AC）を同僚とともに行ったりする時間を逆に奪うのではないかとの懸念も生じる。ここからいえることは、教師の「働き方」の問題は、学校・教師が継承すべきラーニングをどのように保障するかという点からも十分に検討することが必要であるということである。

3．経験に基づいた認識や価値観を学びほぐす：アンラーニングの重要性

　次に、ピーター・M・センゲ（2011）も指摘する組織の学習障害として目の前の出来事に執着することが、ゆっくりとしたペースで進む変化に気付けないことを生み出すことに注目してみたい[15]。このことは教育組織にもいえることであり、より重要な教育の結果が現れるのは遠い先にあるため、長いスパンでの思考をも

ちながら経験から学ぶということが難しい。しかも、今日の教育界はラーニングが「明日の授業に役立つ・・・」というような教える必要に応じて学ぶ短期的な「役立ち」に意識が集中しがちである。こうした学習も重要ではあるが、もっと長い時間軸でのラーニングも必要なのではないだろうか。

　日本の社会構造は大きく変化し、地域社会の共同性の衰退、家族の在り方の多様化や格差化 16)が子育てや教育にかかわる環境に変化を生み出し、教師自身もこの波の中にある。この多様化・格差化は教育関係者間の認識や価値のレベルでも潜在的・顕在的な葛藤を生み出していることから、学校教育を担うプロフェッショナルとしての教師には時代の変化に応じた認識と行動の変容が求められる。もちろん、学校・教師だけが変容することを求められるわけではないが、学校教育のプロフェッショナルとしての教師には、今までの既存の知識や技術を学びほぐし、編み直すようなアンラーニングが求められている 17)。この概念の神髄は、行動レベルの変容が葛藤を伴う認識や価値といった深いレベルでの変容と結び付いていることである。この節では、こうしたアンラーニングが可能な場の一つとして教職大学院を位置付け、「教師として経験を深める」ことをさらに「究める」ところにつながることを想定しながら具体的な事例をもとに検討する。

(1)　社会変動に対応するためのアンラーニングと教職大学院

　学校は「強固なボーダー」が外部との連携を阻んでおり、硬直的な閉鎖化を遂げているとか、家庭学習の困難な状況にある児童生徒の学力の低さを「努力のなさ」に帰属させてしまうような「自閉化する学校」現象が生じているという指摘がある 18)。教師にとってこのような見方を受け止めることは難しいであろうが、学校や教師は、学校関係者評価等のアカウンタビリティを強調するような教育改革によって制度の側から開くことを求められてもいる。しかし、現状の教師の多忙化が限界を超えている中での外側からの一方的な働きかけは、かえってボーダーを強化する方向で働く可能性がある。少なくとも、教師にとって外側からの学校を開くことへの働きかけと教育実践上の意義との間のつながりを見いだせてないといえる。

　このような文脈からも理論と実践の往還が標榜される教職大学院として何ができるかが問われている。ここでは教師のアンラーニングに貢献できる可能性を教

職大学院における現職院生の学習や研究に着目して検討してみたい。最初にコルブの経験学習サイクルに教職大学院を位置付け、その上で、認識枠組みの変容や拡張といったレベルでのアンラーニングに結び付いたと考えられる事例を示し、検討を加えたい。

⑵　教職大学院での教師の経験のアンラーニング

　教職大学院における教職経験を重ねた教師の教育実践研究は、大脇康弘（2019）が指摘する自らのライフコースを省察・探究・再構成するようなアプローチにつながりうるものである[19]。それは現状の困難な現実や様々な教育にかかわる現象を自分事として捉え直す側面を強く有している。以上のことを強調してコルブの経験学習サイクルに位置付けると次のような図4として描くことができる。ここでは学校外での研究を教職大学院での研究（教育実践研究）と位置付けて考えている。

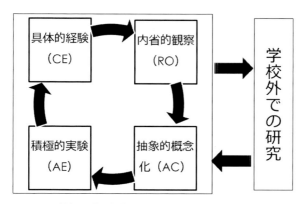

図4　教師の経験学習サイクルと学校外での研究
Kolb, David A(2015)を参照し筆者作成

　図4の左側の経験学習のみでは変動期の社会との乖離状況を乗り越えることが難しいと考えたときに、教職大学院での学習・研究の意義を明確に位置付けることができる。特に、学校現場だけでは到達することが難しい学校内で形成してきた考え方とは異なった見方の重要性に気付いたり[20]、自分にとってあまり意味づ

けができていなかったことが、本当は極めて重要なことであったことに気付いたりするアンラーニングを生み出すことが教職大学院では可能である。

　たとえば、中堅以上の現職院生が教育改革から生み出される様々な政策の枠組みにどのように向き合ったらよいか消化できないまま、手順を示され、そのことに従っていくことへの戸惑いや無力感がみられる。コルブの経験学習サイクルでいえば、AE と CE の比重が多くなり、RO や AC が後退した状態と位置付けられる。多忙化はこのことに拍車をかけ、「思考停止」しているのではないかと批判される。こうした陥穽にはまることなく、RO や AC を活性化しつつ、AE に向かい CE を重ねていくことが教師としての経験を深め、さらに究めるためには必要となる。その契機について事例をとおして検討したい。

(3)　学校外（教職大学院）での経験の振り返りによる教職経験の編み直し

　教職大学院においてコミュニティ・スクール（以下 CS と略す）に関して研究したいという現職教師の A さんのケースを検討してみよう[21]。A さんは先行研究と格闘し、共通科目等で新たな知見と出会い、演習等での議論を通していろんな知識を獲得していった。一方において、アカデミックな知識と学校で出会う現実との距離を感じ、現実の CS と CS そのものの考え方の間で葛藤を抱き、「ちょっと落ちないのですが」とモヤモヤを感じながら研究を進めていった。理論と実践の間を往還するということは簡単ではなく、途中で滞り、元に戻ったりする。まさに「行きつ戻りつ」するようなプロセスが続いた。

　その後、A さんは日本の戦後の教育を生徒の参加や主権者教育といった観点から先行研究を行い、フィールドワークによって自らの教育実践を問い直す学びが見られた。特徴的だったのは、研究を通して過去の自分の教育観の狭さと向き合い、過去の教育観を新たな視角から捉え直し、拡張する姿がみられたことであった。換言すれば、そこには教育実践研究を進め、自らがかかわった教育実践を支える教育観の偏りに気付き、自らの教育観の拡張や変容が見られたのである。しかも、この研究が学校現場に戻ってからの過去の教育実践を乗り越えようとする新たな挑戦（AE）につながっていると捉えられた。

　具体的なプロセスをたどってみよう。A さんは 1 年間という短期プログラムでの在籍であった。CS にかかわる先行研究の検討を通し、今日の議論に生徒が不在

であることに疑問をもち、この観点から改めて先行研究の検討をし直し、秋には自分が研究したいのは「生徒の参加と共同の学校づくりの在り方」や「開かれた学校づくりと生徒参画の可能性」といった方向であることに気付き、その方向に研究が進んでいった。そして、最終的に「中学校における生徒の主権者意識の育成を目指した実践：A中学校生徒会のルール制定の過程に着目して」というテーマで研究をまとめた。

　Aさんの入学から7月の構想発表会までを【第一期】とすると、この時期は入学時の段階での経験を理論や研究という視点から問い直す時期だったといえよう。授業やゼミナールで教員から語られる問いや考え方に、疑問を抱きながらも、一端、理論的な枠組を使って考えたり、仲間と対話をしたりしながら自らの教育経験の振り返りを通して問いを立てようとする時期ともいえる。

　【第二期】は、7月、8月、9月の夏休みの前から学校実習に出かける時期であるが、研究課題を明確にすることを求められる時期でもあり、7月の構想発表会を前に、自らの問いや研究課題は何か、自問自答するとともに、過去の経験を批判的に捉え、Aさんにとって新たな枠組みで研究主題を設定しようとした時期であった。この時期は、共通科目や教育経営総合演習のレポートを作成し、研究テーマの鍵となる「主権者教育」や「生徒の参加」というキーワードがはっきりと浮かび上がった。

　【第三期】は、CSを活用しながら「社会に開かれた教育課程」をつくろうとする連携協力校での学校実習と、研究テーマに直結する先行研究の検討や自らの在籍校のフィールドワークを進めた。フィールドワーク先は、在籍校でもあり自らも生徒会顧問の一人としてかかわったにもかかわらず、そこに意義を見出していなかった校則見直しの動きに光を当て、一緒に取り組んだ校長や同僚、卒業生等へのインタビュー等を実施し、研究をまとめた時期である。修了後のAさんの語りからすると、取り組んだときはまったく意義を感じていなかった校則見直しの意義をフィールドワークを通して確認していった時期である。

　そこには、投票率の低下や若者の政治参加意識の希薄さ、地域社会の担い手の育成ということが、学校教育の在り方と無関係ではないことに気付いていくプロセスでもあった。このプロセスは社会への参加に関する教育に無関心であった自分の姿を振り返りながら、過去にかかわった関係者と直接、出会い、話を聞き、

受け止め、研究にまとめるというように表現することができる。この過去の自分との出会い、過去の自分と今の自分との間にあるものの違いに気付いたことをAさんは後述するインタビューで語った。Aさんにとって、心の中で傍観者となりながら、やらざるを得ないものとして取り組んだ教育実践の価値に気付いたことは、教職アイデンティティの変容というレベルのものであろう。

【第四期】は教職大学院修了後、Aさんが教頭に昇任し、新任教頭としてX中学校（Y中学校から異動）で、新たな教育観をもちながら教育実践にかかわる時期である。Aさんは教職大学院で獲得した枠組みや教育観を現実と折り合わせ、生徒からの制服に関しての疑問の声を生徒会顧問を通して聞いたことをきっかけとして、校則見直しに関して、校長や教職員の理解を得ながら、生徒会顧問を支援する形で教育実践を推し進めていった。

(4) 「立体的に捉える」ということ

現場に戻り教頭として教育実践を進めるAさんにインタビューした。Aさんの語りをまとめてみると次のようになる。Aさんは異動先のX中学校の現状を「良い子という概念」をそのままもっている教師たちがまだまだいて「荒れたらどうしよう」というベテラン教師が多い中であるが、「職員会議で変えてみませんか」という声をかけ動き出したと振り返った。そして、英語ばっかりやっていた人間（Aさん）が、時代に合わない制服の見直しを図る教育実践をX中学校で展開できたことを、自らが研究した主権者教育やCSが「いきているな」と感じていた。

臨時の生徒集会で校長先生が会の最後に生徒に向けた話の中で、「これからあと三ヶ月で卒業する」3年生が「1、2年生に残した宝といえる。この動きが伝統だといえる」といったら、「3年生の女子の何人かがガッツポーズする」動きを見つけたことを語りながら、生徒が「自分の意見が通るんだという感覚を、生徒自身で変えられるという実感」を「生み出すことができた」と振り返り、教職大学院での学びを通して生徒や生徒会顧問の声の持つ意味について「立体的に捉えること」ができ、そして「だれがどうサポートすれば、動いていくかが見えた気がする」とも述べた。

「立体的に捉える」とはどういうことかという筆者の質問に、「ただ単に薄っぺらに生徒会にやらせれば、というのではなく、いろんなゴールや仕掛けというの

が見えるから、行けるよと思えた」と語る。そして、教職大学院で最終的に研究対象とした自分自身が実践した前任校であるY中学校のことを振り返りながら、Y中学校の校長先生から始まった校則見直しの動きを「校長先生は社会の先生だからかな」といった A さん自身の思い込みについて、それまでの自分が生徒を「ちっちゃな水槽で育てていた」ことをはっきりと見てとれたことや「民主主義という言葉がストンと落ちた」ということが語られた。こうした A さんの語りからは、明らかな教育観の変容が見てとれるのである。また、この「立体的に捉える」ことは教育現象を認識する際に、その現象の意味を多角的に解釈し、何を大事にするか、どこに向かい、どのような手立てが考えられるかという実践的な見通しを持つことができたということができるだろう。

　このことをもって、図5に示したような学校外の教職大学院での学習・研究がアンラーニングとなり、「教師としての経験を深める・究める」ことにつながったという結論は、単純すぎるであろう。A さんがこれまで積み重ねてきた教育実践、その実践を生み出してきた教育文化の中にA さんが気付いていなかったとしても手がかりがなかったであろうか。例えば、学校の校則に疑問を感じ、動き出した校長が存在していたことからするならば、組織レベルでは RO や AC を含めたサイクルが動いていたともいえる。このようにA さんにとっては「上から降ってくる課題」と映ったかもしれないことを、自ら解きほぐすことにつながる契機は、教育実践の場そのものにもあり、そこにあった違和感を持続させつつ、教職大学院での教育実践研究によるアンラーニングによって、自らの考え方や過去の教育実践への絶え間ない問い直しを含みつつ行った事例と位置付けられよう。

４．教師としての実践知を編み直す

　本章では、最初に継続すべき視点としての学校内のラーニングに注目した。学校現場における教える必要によるラーニングが学校内のネットワークを活性化しつつ、維持されている状況を描いた。そこには、子どもからの応答を手がかりに、若手教師が先輩に支えられ、中堅教師も刺激を受けながら考えを深めている姿があった。しかし、子どもも保護者も地域も変化するなかで、学校・教師が多忙化しているのも事実である。こうした中で、勤務時間という量的時間だけに焦点を当てた議論で見失うものがないかについては検討の余地があり、学校内でのラー

ニングの時間を量的に確保するとともに、同僚との協働の中で学びや一人での熟考する時間の質的なラーニングにも注目した働き方の検討も必要である。

　次に社会構造が変動し、目の前の子ども、家族、地域にも貧困、格差といった状況が広がっている。学校・教師も持続可能な社会の担い手の育成に向けて、目の前の現実を掘り下げ、そこから浮かび上がる重要な教育課題と学校課題を結び付ける必要がでてきている。こうした観点からは教師自らの経験によって獲得した認識や価値観等を学びほぐし、編み直すアンラーニングが重要であり、そうした場として教職大学院での教育実践研究の例を示した。ただし、事例の考察から浮かび上がったのは学校内のラーニングの基盤があってこそ、学校外のアンラーニングは機能すると考えられることであった。以上のように学校内のラーニングと、教師自らの経験によって獲得した認識や価値観等を学びほぐし、編み直すアンラーニングが教職経験を深め、究める一つの重要な条件であると考えられる。

　今日、様々な分野においてレジリエンスの概念が注目されている。フランシス・ウェストリーら(2008)は、C・S・ホリング(生態学、エコロジー経済学の提唱者)のレジリエンス概念に着目しながら、Crisis（危機）の語源はギリシア語で「転じる」という意味があり、今までの社会システムを変革していくためには「転じる」ことによって不要なものは手放しつつ、本質は保持することが必要であることを強調している。そこには「転じる」際に「硬直の罠」や「窮乏の罠」を避け、去るにまかせ、同時にしがみつき、新しい機会や関係が生まれたときに、しっかりとつかみ取るような戦略が浮かび上がる[22]。

　教育をめぐる状況は決して明るいとはいえないが、継続すべき学校内のラーニングとそのことをアンラーニングするという矛盾の中に、転じる契機が存在するといえるのではないだろうか。こうしたことは困難な環境にある地域や学校から新たな教育の芽が生まれてきている内側からの教育の可能性と重なるものである。

〈注〉

1) 小玉重夫(2013)『学力幻想』ちくま新書、138-171 頁

2) 松尾陸(2006)『経験からの学習：プロフェッショナルへの成長プロセス』同文館出版
　松尾睦(2021)『仕事のアンラーニング：働き方を学びほぐす』同文館出版、中原淳(2012)
　『経営学習論：人材育成を科学する』東京大学出版会等参照し、本章にかかわる範囲で暫

定的に定義した。また、学びほぐしの重要性について竺沙智章(2016)「これからの人材育成と教職大学院の課題」『日本教育経営学会紀要』第58号や佐古秀一（2017)「教頭職の位置と教頭研修の課題：教頭職の「学び直し」と研修の在り方」日本教育経営学会紀要第59号、水本徳明（2017)「学習観の転換と経営管理主義の行方：公教育経営における権力様式に関する言語行為論的検討」『教育学研究』第84巻第4号でも取り上げられている。ここでは「経験を深める」を想定し、学校内でのラーニングに、「経験を究める」を想定し学校外でのアンラーニングに光を当てている。ラーニングとアンラーニングは複雑に関連していると考えられるが、本章では分かりやすくすることを優先しシンプルに分けて検討した。

3) 例えば、紅林伸幸(2007)「協働の同僚性としての《チーム》：学校臨床社会学から」『教育学研究』第74巻第2号。紅林は学校外のアクターを含めた自律性や対等性、専門性等を踏まえたチーム形成の可能性や課題について論じている。

4) 油布佐和子(2009)「教師という仕事　序論」油布佐和子編著『教師という仕事』日本図書センター及び山﨑準二(2012)「教師教育改革の現状と展望：「教師ライフコース研究」が提起する〈7つの罪源〉と〈オルタナティブの道〉」『教育学研究』第79巻第2号

5)ここで扱う事例は2016年から2018年に松井千鶴子氏と小規模小学校を対象とした調査時のデータを使用している。この調査の「協働」に焦点を当てた研究の成果には菅原至・松井千鶴子(2019)「小規模小学校における若手教員の育ちの実現に向けた協働プロセス」『上越教育大学研究紀要』第38巻第2号がある。学校内での学習は「教える必要によって学ぶ」（横須賀薫(1973)「教員養成教育の教育課程について：「提言」を斬る」『教育学研究』第40巻第2号）という様式になっていると捉えられる。

6) 菅原至(2021)「教職大学院における教育実践研究と教育実践の間：教員の教育観の変容に着目して」『上越教育大学研究紀要』第40巻第2号の内容を一部利用し、書き直している。

7) 注5に同じ

8) 広井良典(1997)『ケアを問い直す』ちくま新書、油布佐和子(2010)「教職の病理現象にどう向き合うか：教育労働論の構築に向けて」『教育社会学研究』第86集

9) ヘンリー・ミンツバーグ(池村千秋訳)（2006)『MBAが会社を滅ぼす：マネジャーの正しい育て方』日経BP社、158-185頁

10) 浜田博文(2007)「学校組織観の転換と校長のリーダーシップ再考」小島弘道編『時代の

転換と学校経営改革：学校のガバナンスとマネジメント』学文社

11) 菅原至（2016）「分散型リーダーシップ実践に着目した学校改善に関する研究」『学校教育研究』第 31 号を、チーミングについてはエイミー・C・エドモンドソン(野津智子訳)（2014）『チームが機能するとはどういうことか』英知出版を参照

12) Kolb, David A. Experiential Learning: Experience as the Source of Learning and Development.2nd edition. Upper Saddle River, N J: Pearson Education.2015 及びデイヴィッド・コルブ、ケイ・ピーターソン（中野眞由美訳）（2018）『最強の経験学習』辰巳出版。図 3、4 は以上をもとに筆者作成

13) 松尾睦(2015)『「経験学習」ケーススタディ』ダイヤモンド社

14) 中原淳(2013)「経験学習の理論的系譜と研究動向」『日本労働研究雑誌』No.639

15) ピーター・M・センゲ（枝廣淳子他訳）（2011）『学習する組織：システム思考で未来を創造する』英治出版、56-69 頁

16) 山田昌弘(2017)『底辺への競争：格差放置社会ニッポンの末路』朝日新書

17) 松尾睦(2021)『仕事のアンラーニング：働き方を学びほぐす』同文舘出版

18) 本田由紀(2011)「強固に残るボーダー：自閉化する日本の学校教育に対する社会システム論からの示唆」『教育学研究』第 78 巻第 2 号、末冨芳(2013)「拡大する学習の社会保障と「自閉化する学校」の行方：福祉への教育経営からのクロスボーダーの可能性」日本教育経営学会紀要第 55 号

19) 大脇康弘(2019)「教師のライフコース研究を開く：スクールリーダーの実践研究」日本教育経営学会第 59 回大会、発表資料

20) 安藤知子は学部での教員養成という文脈になるが、学生の思考様式の質的変化に着目し、できなかったことができるようになるという変化ではなく、違う考え方になることに注目している。安藤知子(2015)「教師の職能発達を見据えた養成カリキュラムの考察：「体系化された知や技能」とともに「省察力」をどう身に付けさせるか」SYNAPSE VOL.43

21) 注 6 に同じ

22) フランシス・ウェストリー他（東出顕子訳）（2008）『誰が世界を変えるのか：ソーシャルイノベーションはここから始まる』英治出版、80-111 頁

第3章　学校管理職養成を深める・究める

棚野　勝文

　情報社会の進展は、今まで経験したことがないスピードで急激に社会環境を変えている。日本の学校教育においても、新型コロナウイルス感染症による学校の一斉休校の場面などにおいて、ICT 機器の利活用の遅れが指摘されたことは記憶に新しい。その結果、全国の小中学校では、児童生徒への 1 人当たり 1 台のパソコン導入が、計画を前倒しして実施され、学校現場は黒板とノート・鉛筆から、ICT 機器を利活用した授業への転換に迫られている。一方で、先進的学校・地域を除いて、教員が ICT 機器を授業へ導入しようとしても、ソフトや Wi-Fi 環境などの整備状況、または、ICT 機器操作などに不慣れで、経験的に確立した授業方法に自信を持つ中堅・ベテラン教員等、数々の超えるべき壁があり、ICT 機器の効果的な利活用に苦慮している学校現場も多いと聞こえてくる。しかし、例えば現在その実現が求められている「個別最適な学び」には、授業において ICT 機器のより効果的な利活用が必須になってくることに疑いはないだろう。

　ところで、組織のリーダーに求められる重要な 2 つの役割として「目先の課題を解決する」「将来を見据え、今を変える」がある。ICT 機器の利活用にかかわらず、専門化・複雑化し急激な社会変化に対応することが求められる学校教育において、まさに、組織のリーダーである学校管理職の役割は「目先の課題を解決する」ことはもちろん「将来を見据え、今を変える」点が極めて重要になってくると考える。すなわち、例えば黒板とノート・鉛筆から、ICT 機器を効果的に利活用し、「個別最適な学び」を実現する授業への転換には、将来を見据えたうえで、ICT 機器導入に向けて、目先の学校現場を変える、学校管理職の力量が求められている。これは、学校管理職が優れた教育者・管理監督者というだけでなく、組織マネジメント、危機管理、地域・外部機関との連携など、学校経営者としての能力が求められていることを意味している。したがって、学校を取り巻く環境が速いスピードで変化する現在において、今まで以上に、高い資質・能力を持つ学校管理職の養成を目指すことが求められるだろう。

そこで、本章では、学校教育を深める・究めるポイントとして、力のある学校管理職養成に着眼する。具体的には、最初に、学校管理職養成に関する政策的経緯から、現在、学校管理職養成における教育委員会と教職大学院の連携・協働による取組みが求められてる背景を整理し、次に岐阜県における実践事例を報告することで、学校管理職養成を深める・究めるための話題提供を試みたい。

1．学校管理職に求められる資質・能力とその養成

そもそも、学校管理職に求められる資質・能力とはいかなるものであろうか。学校管理職に求められる資質・能力に関しては、1998 年中教審答申「今後の地方教育行政の在り方について」を契機として、学校の自主性・自律性の確立が求められたことに始まる一連の教育改革を通じて、それまでの「教育者」「管理・監督者」としての学校管理職から、「経営者」としての視点が強く求められるようになったといえる。そして、このことは、教育委員会・教育系大学での計画的な学校管理職養成の動きも喚起することになり、2008 年に教職大学院が発足したことで、学校管理職養成に関する具体的な取り組みが、教職大学院を中心に拡大しはじめた。2009 年には、日本教育経営学会が『校長の専門職基準〔2009 年版〕—求められる校長像とその力量—』を作成するなど、校長に求められる資質・能力やその養成方法が、政策的側面だけでなく、学術的にも注目されるようになる。

このような背景を受け、2015 年中教審答申「これからの学校教育を担う教員の資質能力の向上について」では、教育委員会に、管理職に対する研修の実施や校内研修リーダーの養成、校内研修実施のための手段（ツール）や資源（リソース）等の整備の推進を求めるとともに、教職大学院との連携による学校管理職研修の開発・実施を求めた。また、教職大学院に対しても、学校管理職候補者に対する学校マネジメントに係る学修の充実を図り、管理職コースを設置することなど、学校管理職養成における教育委員会との連携の重要性を指摘した。

そして、2016 年教育公務員特例法の一部改正により、校長及び教員としての資質の向上に関する指標の策定が定められる。これにより、各地で教員育成協議会が組織され、教育委員会等が学校管理職も含めた「教員育成指標」を作成するなど、系統化された学校管理職養成に関する研修が実施され始めた。

このように、現在、学校管理職養成は政策的、学術的にも注目されており、教

育委員会等における系統的な研修や、教育委員会等と教職大学院との連携が求められている。このような背景から、現在の学校管理職養成を深める・究める実践事例のひとつとして、岐阜県教育委員会等から岐阜大学教職大学院への学校管理職養成を目的とした現職教員派遣に関する実践報告を中心に、岐阜県教育委員会等と岐阜大学教職大学院の連携・協働事業を報告することで、学校管理職養成を深め・究めるを考えるひとつの材料を提供したい。

２．岐阜県教育委員会から岐阜大学教職大学院への現職教員派遣制度

　岐阜大学教職大学院は 2008 年に学校改善、教育臨床実践、授業開発、特別支援教育の 4 コースでスタートし、岐阜県教育委員会より、毎年、概ね小中学校籍教員 10 名と県立学校籍教員 4 名の現職教員が派遣されている。設立時の現職教員派遣に関して定めた岐阜県教育委員会内規の派遣資格に、「将来スクールリーダーや各地区のリーダーとしての活躍が期待できる者」（早川 2010）と明記されており、設立当初から岐阜県教育委員会は、教職大学院への現職教員派遣を明確にスクールリーダー養成として意識していたことがわかる。その目的をより明確にするために、2017 年度岐阜大学教職大学院は、新しい学校づくりを牽引し、未来を担うリーダー養成を目指す学校管理職養成コースと、現職教員のミドルリーダー養成、学部卒の新人教員養成を目的とした教育実践開発コースに改編された。そして、岐阜県教育委員会から現職派遣される教員は学校管理職養成コースに籍を置き、なかでも小中学校籍教員は教頭名簿登載者が派遣されるようになった。

　なお、設立当初より、現職教員として派遣される院生は、教育公務員特例法第 22 条が適応され、1 年次は 1 年を通して、2 年次は、月〜木曜日は在籍校で勤務し、金曜日は教職大学院で学ぶスタイル（大学院設置基準第 14 条特例適用）である。そして、現在、教頭名簿登載者として派遣されている小中学校籍教員は、2 年次には、その多くが 2 人目の教頭として在籍校に赴任している。

３．理論と実践の往還を目指したカリキュラムの構築

　学校管理職養成コースのカリキュラムは、主に講義を中心とした「共通科目」「選択（専門）科目」と、「臨床実習」、地域や学校の教育課題を解決し、修了時に外部報告会を開催する「開発実践報告」からなっており、講義科目－臨床実習

－開発実践報告を通して、理論
と実践の往還を目指したカリ
キュラムとなっている（図1）。

(1) 講義科目

　表1は、学校管理職養成コー
スにおける講義科目である「選
択（専門）科目」の主な内容と、
岐阜県の教員のキャリアス
テージにおける資質の向上に

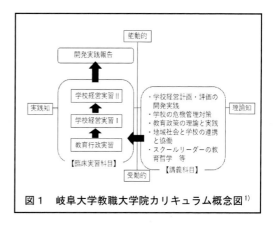

図1　岐阜大学教職大学院カリキュラム概念図[1)]

関する「校長（管理職）の指標」を対比させた表である。岐阜県の「校長（管理
職）の指標」では、項目として「経営ビジョン」が設定され、その中に「労務管
理」「人材育成（組織マネジメント）」「教育課程・学力向上（カリキュラム・マネ
ジメント）」「生徒指導」「服務規律・危機管理（リスクマネジメント）」「家庭・地
域との連携」の6項目が設定されている。そして、岐阜県の設定した6項目に対
し、それぞれの項目に学校管理職養成コースにおける選択（専門）科目が該当し
ていることがわかる。

表1　岐阜県「校長（管理職）の指標」と岐阜大学教職大学院学校管理職養成コース専門科目対比一覧

岐阜県「校長（管理職）の指標」			岐阜大学教職大学院
項　目		指　標	学校管理職養成コース専門科目
経営ビジョン		確かな教育理念と経営ビジョンをもち、保護者・地域に信頼される学校経営ができる。	・スクールリーダーの教育哲学 ・教育政策の理論と実践 ・学校財務の開発実践 ・特別支援学校経営の理論と実践
	1 労務管理	「子どものために」という教職員の熱意と労務管理を両立し、働きがいのある職場をつくり出すことができる。	・教育法規の解釈と実際的運用
	2 人材育成 （組織マネジメント）	職員に対する温かさをもち、キャリアデザインを共有して適切に指導するなど、人材を育成することができる。	・学校経営計画・評価の開発実践
	3 教育課程・学力向上 （カリキュラム・マネジメント）	学力向上に関する具体策の成果を常に検証し、教育課程の改善と授業について的確な指導ができる。	・インクルーシブ教育の開発実践 ・学校行事の開発実践
	4 生徒指導	いじめや不登校等、生徒指導上の諸問題に対し、関係機関と連携し、リーダーシップを発揮して組織的に解決を図ることができる。	・問題行動と社会性の理論と実践
	5 服務規律・危機管理 （リスクマネジメント）	いじめや不登校等、生徒指導上の諸問題に対し、関係機関と連携し、リーダーシップを発揮して組織的に解決を図ることができる。	・学校の危機管理対策 ・特別支援学校の危機管理対策
	6 家庭・地域との連携	家庭や地域と積極的に連携し、人的資源の活用等により、ふるさとへの誇りと愛着を培う魅力ある学校経営ができる。	・地域社会と学校の連携と協働

注1：岐阜県「校長（管理職）の指標」6項目に対し、学校管理職養成コース専門科目は、主に対応する1項目を対比させ記載して
　　　いるが、実際には、1科目が複数の項目内容に関し講義されている。
注2：学校管理職養成コース専門科目は、2022年度開講予定科目である。

(2)　臨床実習

　学校管理職養成コースにおけるカリキュラムの中で最も重視したのは、理論知と院生及び学校現場に蓄積された実践知を往還することが可能となるプログラムの開発であり、講義科目－臨床実習－開発実践報告を通して学校管理職としての実際的・実践的な資質能力をどのように形成するかであった。そのため、特に、理論知と実践知の橋渡しとして、臨床実習のプログラム開発に力を注ぎ、岐阜県教育委員会及び関係市教育委員会、学校と協議を重ね、教頭名簿登載者として現職派遣された院生が多いことも踏まえて、①校長との連携（校長の経営方針の理解、校長とのコミュニケーション・進言）、②諸問題対応（情報収集、問題や危機の解決能力）、③教職員との連携（経営方針の具現化のためのコミュニケーション）を養成目標とした実習として、「学校管理職臨床実習」を開発した。「学校管理職臨床実習」は総単位10単位とし、教育委員会や関連する諸機関における「教育行政実習（3単位）」、教育委員会や教職大学院が指定する学校における「学校経営実習Ⅰ（3単位）」、勤務校における「学校経営実習Ⅱ（4単位）」で構成され、実習を通して、理論知と実践知を結びつけることにより、自律的及び協働的な学校運営が可能となる教育の未来を担う優れた学校管理職としての実践力育成を目指した。

　図2は、小中高校籍院生を対象とした「学校管理職臨床実習」プログラム全体の構造図である。具体的には、院生は、最初に、1年次の8〜9月、教育委員会及び関係機関におけるインターン実習を中心とした「教育行政実習」を

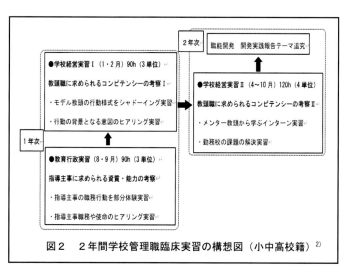

図2　2年間学校管理職臨床実習の構想図（小中高校籍）[2]

90 時間以上実施する。「教育行政実習」は、指導主事の職務行動の部分体験実習や、ヒアリング実習を通して、教育委員会やその関連機関における指導主事の職務内容と行動様式を各院生が把握するとともに、指導主事に求められる資質・能力の考察並びに、教育行政実務能力を養成することを目的とした実習である。次に、1 年次 2 月〜3 月を中心に、「学校経営実習 I」を 90 時間以上実施する。「学校経営実習 I」は、院生が、1 年次の講義における学修で培った理論知を基盤として、各院生の在籍校とは異なる校種の学校における異校種間実習、経験豊かなシニア校長・教頭の所属する院生の在籍校と同じ校種の学校において、校長・教頭へのシャドーイング・メンタリング実習を通した、望ましい学校管理職の在り方を学ぶことを目的とした指定校実習で構成した。

　最後に、2 年次の 4 月〜10 月に、教頭に登用された院生は第二（インターン）教頭として、それ以外の院生は学校における教頭職を補佐する中心的なリーダーとして勤務校に着任し、職務遂行能力の開発を中心とした「学校経営実習 II」を 120 時間以上実施するプログラムとした。「学校経営実習 II」は、院生が、本学 1 年次の講義および「教育行政実習」並びに「学校経営実習 I」で培った理論知と実践知を基盤として、1 週間に 4 日間学校現場に戻り、第二（インターン）教頭もしくは、教頭を補佐する中心的リーダーである部主任の立場から、教頭（第一教頭）へのシャドーイング、インターン実習（部分体験実習）を通して、教頭の職務遂行能力の開発を目的とした臨床実習とした。

　このように臨床実習は、主に 1 年次に講義科目で学んだ理論をもとに、様々な臨床実習における実践経験やヒアリング経験を通し、理論と実践の往還が可能となることを目指すプログラムとした。

(3)　開発実践報告

　開発実践報告は、臨床実習における実習内容を進展させ、主に 2 年次における勤務校やその地域・教育委員会の持つ課題解決を実践・報告する最終的な成果物である。したがって、開発実践報告は、それまでに履修した講義科目・臨床実習における知見を活用し、勤務校における学校改善に関する実践を目的にしており、講義科目−臨床実習−開発実践報告の学びを通して、理論と実践の往還を目指した教職大学院における学修の集大成ともいえる。ちなみに、2021 年度修了生の開

発実践報告のテーマは、それぞれ学校や地域の持つ課題に応じて、例えば、増加する若手教員の人材育成を目的とした校内の組織的メンタリング体制の開発や、学校と地域の連携協働によるカリキュラム改善を目指した開発、施設分離型小・中学校における小中一貫教育推進体制の構築に関する開発、特別な支援を必要とする子どもに対する早期発見・早期支援体制の構築に関する開発などがあり、現在の学校課題を反映するとともに、学校管理職の視点による学校改善を目指した内容となっている。

4．学校管理職養成の成果

　前述した通り、岐阜大学教職大学院設立時より、将来のスクールリーダー候補生が派遣され、実際に多くの修了生が、学校管理職等として活躍している。ここでは、最初に、学校管理職養成コースへ改編するまでの修了生（1～9 期生）の現状を三島（2021）より抜粋、整理する。図 3 は、1～9 期生の 2020 年度校長・教頭登用者累積数のグラフである。2020 年では、校長登用者、教頭登用者が延べで 48 名となり、これは修了生の 38.7%である。1～9 期生の大学院入学時の平均年齢は 41.2 歳であり、将来の管理職候補生として年齢的にミドルリーダークラスが派遣されていた。

したがって、現在、2008 年度に入学した 1 期生から十数年が経過し、今後も順次修了生が学校管理職適齢期となり、学校管理職等への登用がいっそう増えることが予想される。ちなみに、9 期生までの修了生で学校管理職に登用された

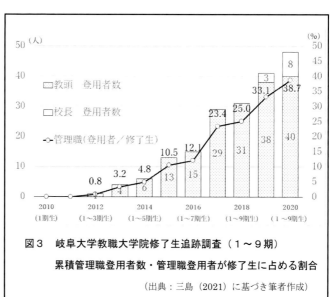

図3　岐阜大学教職大学院修了生追跡調査（1～9 期）

累積管理職登用者数・管理職登用者が修了生に占める割合

（出典：三島（2021）に基づき筆者作成）

48 人のうち 38 人（79.2％）が、教育委員会事務局を経験している。

　2017 年度入学生（10 期生）から学校管理職養成コースへ改編され、より明確な
トップリーダー養成となったことで、岐阜県教育委員会から派遣された現職教員
のうち、小中学校籍は教頭名簿登載者が派遣されることとなった。2020 年度まで
に修了した院生は、10〜12 期の入学生であり、学校管理職養成コースへ派遣され
た時点での平均年齢も概ね 47.4 歳と、9 期生までと比べ 6 歳近くあがっている。
10〜12 期生では、42 名の現職派遣院生が修了し、2021 年度において、教頭・指
導主事間等の異動を含め累積数で教頭等 31 名、指導主事 9 名が登用されている。

　図 4 は、10〜12 期生の修了後の初年度に修了生の所属長に対して実施した修了
生の活躍に関する質問紙調査の結果である。なお、調査は全修了生 42 名中 40 名
の所属長からの回答があった（回答率 93％）。所属長からの回答結果は、「とても
活躍」から「していない」の 5 件法で質問した結果、修了生 40 名中 33 名の 8 割
を超える修了生が「とても活躍している」であった。自由記述には「教職大学院
の研究が本人の指導力向上に反映、管理職としての職責を十分に果たしている。」
「大学院の学びを学校現場に大いに活かし、教頭通信で職員啓発している。異年齢集団による交流により子どもの共感性が高まった。」など、教職大学院における学修成果と修了生の活躍を結び付けた評価を見ることができる。

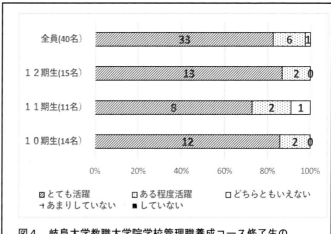

図 4　岐阜大学教職大学院学校管理職養成コース修了生の
　　　活躍に関する所属長評価[3]

5．その他の連携事業

　現在、岐阜県教育委員会等と岐阜大学教職大学院は、学校管理職養成コースへ

の現職教員派遣以外にも、教員育成指標を基に、以下の事業で、連携・協働し全県下の学校管理職養成研修に取り組んでいる。

(1)　スクールリーダー養成研修

　学校管理職任用前の教職員を対象とした研修会であり、小中学校籍は、主幹教諭、各部主任、事務職員などで所属長の認めた教職員、高等学校・特別支援学校籍教員は、希望がある教務主任、生徒指導主事、進路指導主事を対象とし、スクールリーダー養成を目的としている。本研修会は、「教育法規」「危機管理」「カリキュラム・マネジメント」「教育の今日的課題（いじめ・ICT 教育・特別支援教育）」等、3 日間で 12 講座を開講し、希望者には、岐阜大学の科目等履修制度により、教職大学院科目としての単位化が可能なシステムを導入している。

(2)　新任教頭研修

　小中学校新任教頭研修の一環として、県下各教育事務所単位で、全新任教頭を対象とした職能開発研修を実践している。具体的には、職能開発演習として「危機管理」「いじめ問題」「働き方改革」など、テーマを設定し、演習を通じて、学校が抱える課題解決に向けて、管理職（教頭）としての見方や考え方、思考の仕方を「演習」を通じて身につけることを通し、勤務校での課題改善の動きを作り出すことを狙いとしている。

　また、上記以外にも、2021 年度は、教職員支援機構とのコラボにより、特別支援学校の独自性に応じた管理職前の部主事を対象とした研修なども実践しており、これらの岐阜県教育委員会等と岐阜大学教職大学院との連携事業は、教職大学院への現職教員派遣だけでなく、県下すべての学校管理職就任前の養成研修並びに、学校管理職就任後の職能開発研修を連携・協働し実践することを通して、学校管理職養成をいっそう深める・究めることを目指したプログラムである。

６．まとめ

　変化の激しい時代へ学校教育を対応させるため学校管理職養成を深める・究めることを目的に、岐阜県教育委員会等と岐阜大学教職大学院の連携・協働による学校管理職養成の事例として、岐阜大学教職大学院学校管理職養成コースへの現

職教員派遣、スクールリーダー養成研修、新任教頭研修などの連携・協働を見てきた。そして、本事例においては、岐阜県下の学校管理職養成の一端を担い、学校管理職養成を深めることに、一定の成果を挙げていると考えている。

　一方で、全国の教育委員会等と教職大学院との学校管理職養成に関する連携・協働の方法は、それぞれの地域性、連携・協働の経緯、教職大学院の持つ人的・物的資源などにより、置かれた状況が大きく異なっていることが知られており、本章で報告した事例がすべての地域に当てはまるわけではなく、あくまでも一事例であることは言うまでもない。

　しかし、学校管理職養成を深める・究めることを目指す必要性は、学校管理職が担う職責の複雑化・高度化に伴い、今後いっそう求められることは間違いないと考える。また、そこで求められる資質・能力は時代の激しい変化に伴い常にアップデートされる必要がある。したがって、学校管理職養成に対し教職大学院などが中心となり、つねに学術的にも専門性向上を高める努力を続けるとともに、地域性を踏まえながら、各地の教育委員会等との連携・協働を発展させる必要があると指摘できる。本章の岐阜県教育委員会等と岐阜大学教職大学院の実践事例報告が、その一助になることを期待している。

〈注〉

1）岐阜大学教職大学院（2016）『教職大学院と教育委員会・学校の協働による学校管理職養成実習のプログラム開発　事業報告書』「図2　実習開発のコンセプト」（5頁）に基づき筆者作成

2）岐阜大学教職大学院（2022）『学校管理職臨床実習（小・中・高校籍）手引き』「学校管理職養成コース・2年間の臨床実習構想」（4頁）に基づき筆者作成

3）2022年1月26日第9回岐阜大学教職大学院運営委員会資料8「令和3年度修了生調査報告」に基づき筆者作成

〈引用・参考文献〉

早川三根夫（2010）「教職大学院への期待」、『教師教育研究』6、39-48頁

三島晃陽（2021）「岐阜大学教職大学院の修了生追跡調査結果と今後の展望」、『岐阜大学教職大学院紀要』4、11-21頁

第4章　歴史系科目固有の資質・能力を深める・究める

宇都宮　明子

　国際的な教育改革の動向を受け、日本においても内容志向から資質・能力志向への転換が進展していることは周知の通りである。一般教育においては、21世紀型スキル、コンピテンシー、非認知能力などをキーワードとした新しい能力観に関する文献[1]、本章が対象とする歴史教育においては、とりわけ新しい資質・能力観に基づいた授業開発に関する文献[2]が数多く出版されている。教師が入試対策として網羅的に多くの歴史的事象からなる内容を教授するために、生徒が暗記科目と捉える傾向がある歴史系科目において、内容志向から脱却し、資質・能力志向へと転換できるかどうか、今まさに岐路に立っている。

　歴史系科目を巡る改革はこの教育改革にとどまらない。とりわけ後期中等教育段階では、科目の再編を伴う歴史教育改革も展開されている。2018年告示高等学校学習指導要領解説地理歴史編（以下、学習指導要領解説と略す）で、歴史総合、日本史探究、世界史探究が新たに設置された。2006年の世界史未履修問題に端を発し、日本学術会議の提言、教育課程企画特別部会の論点整理等を経て成立した歴史総合は、日本史の必修化、グローバル化、現在との関連を重視した実用的な歴史といった歴史教育に求められる使命に応える科目として必履修科目とされる。歴史総合が従来の日本史Aと世界史Aを単に統合しただけの科目ではなく、学ぶ意義ある新しい歴史系科目となりえるためには、前段の資質・能力志向の教育改革と連動した刷新が不可欠である。

　実際、今次の学習指導要領解説をみると、この教育改革との連動が図られている。それは、後期中等教育段階の歴史系科目はいずれも、社会的事象の歴史的な見方・考え方を働かせた主体的、対話的で深い学びを通して、「知識及び技能」、「思考力、判断力、表現力等」、「学びに向かう力、人間性等」という3本の柱からなる資質・能力の育成をめざしていることからも窺える。これはあくまでも理念上の想定であり、歴史総合に関する文献や論文では、この理念の実現に向けた歴史総合への期待や可能性が論じられる一方、危惧や懸念も表明されている。例

えば、内容面では近代化・大衆化・グローバル化という概念で近現代を把握することで近代化・大国化する成功の歴史を強調することになる、方法面では技能の習得を重視した画一的で活動主義的な学習に陥るといった危惧が散見される [3]。これらの危惧の理由は様々想定されるが、その最大の理由は、歴史系科目固有の資質・能力が設定されていないことにあると考える。学習指導要領解説では、校種共通で教科横断的な資質・能力は設定されているが、それら資質・能力を各教科・科目で育成するために、具体的にどのような教科・科目固有の資質・能力を育成するのかが明示されていない。教科・科目における見方・考え方を働かせた主体的、対話的で深い学びを保証するのは、その学びの過程で生徒が発揮する教科・科目固有の資質・能力である。つまり、学びを展開させる核心に位置づく教科・科目固有の資質・能力の設定が各教師の自由裁量であるために、教科・科目固有の主体的・対話的で深い学びに関する一定のコンセンサスが形成されないので、危惧や懸念の声が後を絶たないのである。もちろん、この学びにおける一定のコンセンサスは画一化された歴史授業へと収斂されるものではなく、歴史授業自体は多様に想定される。このコンセンサスの下で設定された教科・科目固有の資質・能力の育成を図る主体的、対話的で深い学びを実現するために、どのような歴史授業を開発するかにおいて、教師の自由裁量が発揮されるべきである。これまで歴史系科目では固有の資質・能力の考察はほとんどなされておらず [4]、この資質・能力を確定することが、新しく設置された歴史系科目が真に内容志向を脱却した資質・能力志向の科目へと転換するための鍵となろう。

　さらに、歴史系科目固有の資質・能力の考察がなされていない理由として、地理歴史科・公民科という教科に歴史系科目が位置づく教科構成を採っていることが考えられる。学習指導要領解説をみても、地理系・歴史系・公民系科目の目標と見方・考え方はいずれも地理歴史科・公民科という教科の枠組みから構想されるために、ほぼ共通となっている。教科共通の公民的資質の育成に向けて各科目が配置されるため、その固有性が捨象されてしまうのである。しかし、各科目には各科目の背景にある学問体系、歴史系科目であれば歴史学の研究成果が固有性を特徴づけるものであり、資質・能力の検討という面ではとりわけ、歴史固有の目的や意味や本質を問う歴史哲学の観点からの考察が不可欠であろう。

　本章では、後期中等段階の歴史系科目のうち歴史総合に着目し、歴史系科目固

有の資質・能力を歴史総合において生徒に求められる資質・能力として提案し、その具体像を明らかにすることを目的とする。そこで、第 1 節では、歴史哲学の観点から歴史家に求められる資質・能力、歴史教育の観点から歴史家の営みと歴史総合における生徒の歴史学習を比較考察することで、歴史総合において生徒に求められる資質・能力の枠組みを提案し、第 2 節で、その枠組みを踏まえて、歴史総合において生徒に求められる資質・能力の具体像を考察する。

1. 歴史総合において生徒に求められる資質・能力の枠組みの提案

　本節では、まず歴史哲学の観点から歴史家の営みにおいて求められる資質・能力を検討し、次に歴史教育の観点から歴史家の営みと歴史総合における生徒の歴史学習を比較考察することで、歴史総合において生徒に求められる資質・能力の枠組みを提案することを試みる。

(1)　歴史哲学の観点からの歴史家に求められる資質・能力の検討

　歴史家の営みとは、歴史を書いたり、語ったりすることであるため、歴史家に求められる資質・能力とは、歴史の叙述や語りに不可欠な資質・能力といえよう。歴史を書く、語るという明確な意識があるかどうかは別にして、歴史の叙述や語りといった作業は「歴史の父」と呼ばれるヘロドトス、「客観的歴史学の父」と呼ばれるトゥキュディデスの時代にまでさかのぼる。歴史を書くこと、語ることが明確に意識されるのは、L.v.ランケを代表とする近代歴史学が成立した 19 世紀以降である。近代歴史学は、「『それは本来いかにあったか wie (ist) es eigentlich gewesen』（ランケ）をスローガンとし、研究者の主観や先入見を取り去って虚心坦懐に史料を吟味すれば、過去の事実が浮かび上がり、それを積み重ねれば、おのずから歴史の真実が見えてくると考え」（遅塚　2010、167 頁）る素朴実在論の立場をとる。20 世紀になると、歴史とは、歴史家の問いかけ、その問いかけに基づく史料の選択、その選択に基づく解釈といった歴史家の主体的な営みであるとされ、素朴実在論に異議が申し立てられるようになる。遅塚忠躬（2010、168 頁）は、その異議の出発点となるのが L.フェーブル、そして E.H.カーを経て、ポストモダンの言語論的転回と歴史＝物語り論が到達点であると整理する。

　歴史が歴史家の主体的な営みである以上、ありのままの事実を語ることはでき

ないというポストモダニストの近代歴史学批判に対して、大戸千之（2012、244頁）は「『ありのままの事実を語る』とは、ランケいらい、『根拠のない作りごとは語らない』という意味」であるとして、ポストモダニストの「ありのままの事実」の捉え方には誤解があると指摘する。大戸は、過去の事実をそのまま語るのではなく、史料で裏づけられた史料の範囲内でできるだけ正確な事実を語るのが近代歴史学であると論じているのである。遅塚（2010、370頁）は、ポストモダンの歴史理論家であるK.ジェンキンズを取り上げ、①コンテクストそのものがその他の諸事実で構成されている、②ある事実を含むある解釈は常に反証でテストされ、その反証はその解釈に含まれていない事実と突き合わせてなされるという2点から、事実は解釈に先行するとして、ポストモダンの潮流を批判する。これに関して、桂島宣弘（2019、22頁）は、そもそもわれわれの認識（「主観」）を俟たずして、過去の「歴史的事実」が存在しているのかという問題、つまり、事実が解釈に先行するのかは言語論的転回以前から既に19世紀以来の重要な論点であったと指摘する。

　ここには、歴史的事実と歴史認識を巡る問題が存在する。まず、歴史的事実からみていく。遅塚（2010、130-132頁）は、事実に関しては、①事実の正誤に関する問題、②事実の種類に関する問題、③事実についての認識論上の問題、④歴史学における主観性と客観性の問題という4つの問題があると論じる。①は、史料には、欠損や偽造等から生じる不確実性や不当性とともに、不確かな事実を新しい史料で確認する確実性も想定されるといった史料の妥当性に関する問題である。②事実には、一定期間持続する構造に関わる構造史上の事実、1回限りの出来事や事件に関わる事件史上の事実、この両者を媒介する中間層ないし中間領域に位置づく文化史上の事実といった種類があり、どの種類の事実であるかに応じて史料による確認と復元が異なるという問題である。③は、史料の背後にある事実をどのように認識したり、復元したりすることができるのかという問題である。④は、史料の選択や解釈といった歴史家の主体的な営みでどのように科学としての客観性を保証することができるのかという問題である。事実に関する問題は、いずれも史料と深い関わりがあり、この問題は史料を巡る問題としても考える必要がある。次に歴史認識である。歴史認識とは、事実を確認し、復元する事実認識を基に、「それら諸事実の間の諸関連を想定し、事実関係を解釈して、みずから

　の歴史像構築のための命題を提示する作業」（遅塚　2010、333 頁）である。その
ため、諸関連を想定して、歴史像を構築するという歴史家の主観も機能する営み
において、どのようにして客観性を保証するのかという問題が生じることとなる。
　歴史的事実と歴史認識を巡る問題を概観すると、歴史的事実をどう捉えるかと
いう歴史的事実の特性、歴史的事実が埋め込まれたコンテクストを形成する史料
の特性、歴史的事実や歴史認識の主観性と客観性が重要な問題として立ち現われ
てくる。とりわけ主観と客観の問題は、歴史的事実にも歴史認識にも共通する歴
史家にとって重要な問題である。遅塚（2010、344-350 頁）は、K.ポパーや世良
晃志郎に依拠して、「反証可能性」、その「反証」の規準を論理整合性と事実立脚
性とすることで、客観性の保証を図る。この遅塚（2010、116 頁）の見解による
と、歴史家の営みは以下の 5 つの作業工程からなる。①問題関心を抱いて過去に
問いかけ、問題を設定する。②その問題設定に適した事実を発見するために、雑
多な史料群のなかからその問題に関係する諸種の史料を選び出す。③諸種の史料
の記述の検討によって、史料の背後にある事実を認識する。④考証によって認識
された諸事実を素材として、さまざまな事実の間の関連を想定し、諸事実の意味
を解釈する。⑤その想定と解釈の結果として、最初の問題設定についての仮説を
提示し、その仮説に基づいて歴史像を構築したり修正したりする。
　歴史家は自らの問題関心に即して史料を選択し、その検討から事実を確認、復
元、推測する。③が事実の認識である。確認、復元、推測した様々な事実を相互
に関連づけ、その関連に位置づけることで事実の意味を明らかにし、その解釈の
結果として①の問題設定についての仮説を提示し、自己の歴史像を構築する。④
が事実の解釈、⑤が歴史の認識である（遅塚　2010、117-118 頁）。歴史を書く（語
る）という作業では、歴史的事実と歴史認識を区別する必要があり、遅塚の論に
よると歴史を書く（語る）とは、論理的に矛盾や無理がなく、事実によって裏づ
けられた仮説を常に論理整合性と事実立脚性の観点から反証（研究者相互の批判）
を繰り返すことで、より客観性を高めた歴史認識を形成していくことである。
　大戸（2012、245 頁）は「歴史家はできるかぎり史料を精査・検討し、正確な
事実に近づこうとする。また相互に批判しあって、他に手がかりとすべき史料は
ないか、観点の偏りはないか、論証手続きに不備はないか、などについて議論を
する。そうすることによって、多数の研究者の支持が得られた見解を、とりあえ

ず妥当な見解とし、それにもとづいた説明を、とりあえず妥当な説明とする」と
して、歴史家の営みを説明する。大戸の論にも、事実に立脚し、適切な論証に基
づく論理整合性のある見解を相互に批判的に反証しあうことで、より妥当な説明
を導くという道筋が見られ、遅塚が提示する歴史家の営みは、歴史家にとり了解
可能なものであると判断できよう。さらに大戸（2012、250-251 頁）は、言語論
的転回以後のポストモダンの動向を踏まえ、今後の歴史研究では、相互批判によ
る検証の重要性も強調する。また近年では、長谷川貴彦（2020、61-62 頁）が、
因果関係よりもデータを重視する新実証主義、隣接分野との交流から刺激を受け
た新実証主義、方法論的保守主義に立つ実証主義、言語論的転回に批判的な立場
を取って一次史料を重視する新実証主義といった「新実証主義」の方向性に今後
の歴史学の可能性が見いだせると述べているように、ポストモダンの先を見据え
た展開も認められる。以上を踏まえると、ポストモダンにおける歴史の物語り性
は認めつつも、史料から歴史的事実を認識し事実立脚性と論理整合性を備えた歴
史像を構築するという歴史家の営みが変わることはないと考えられる。

　そこで、この歴史家の営みに基づくと、歴史家に求められる資質・能力を以下
のように導き出すことができる。第 1 が、問題を設定する資質・能力である。こ
れは遅塚の論じる作業工程①から導かれ、歴史家が自身の主体的な問題意識から
問題設定するための資質・能力である。第 2 が、史料を選択する資質・能力であ
る。作業工程②から導かれ、歴史家が自身で設定した問題を考察するために、ど
のような史料を選択すべきかを判断するための資質・能力である。第 3 が、事実
を認識する資質・能力である。作業工程③から導かれ、選択した複数の史料を批
判し、照合し、解釈することで、史料から事実を確認、復元するための資質・能
力である。第 4 が、事実の意味を解釈する資質・能力である。作業工程④から導
かれ、事実を関連づけて事実が持つ意味を明らかにするための資質・能力である。
第 5 が、歴史像を構築したり、修正したりする資質・能力である。作業工程⑤か
ら導かれ、自身の問題設定に応える仮説を形成し、その仮説に基づいて歴史像を
構築したり、修正したりするための資質・能力である。

　本項での検討から、歴史哲学の観点に立つと、これら 5 つの歴史家に求められ
る資質・能力を導出できることが明らかとなった。

(2)　歴史教育の観点からの生徒に求められる資質・能力の検討

　小原友行（2009、8-9 頁）は、社会科における「思考力・判断力・表現力」を社会的事象や問題を「読み解く力」と概念規定し、「問題発見力」、「資料活用の技能」、「思考力」、「判断力」、「表現力」という 5 つの力を指摘した。これは、2008年告示中学校学習指導要領において社会科改訂のポイントとして、「思考力・判断力・表現力」の育成が重視されたことを受けて、社会科固有の「思考力・判断力・表現力」を具体化する試みであった。今次の学習指導要領の改訂でも、思考力・判断力・表現力は教科横断的な資質・能力の 3 本の柱に組み込まれ、その育成を図る授業開発が盛んになされている。しかし、その先行研究の多くは、学習指導要領の文言、例えば、「習得した知識を活用して、事実を基に多面的・多角的に考察、構想したことを説明したり、論拠を基に自分の意見を説明、論述したりする」（文部科学省　2018、22 頁）を思考力・判断力・表現力と捉えるか、もしくは、自身が開発する社会科授業で育成する思考力・判断力・表現力を個別に設定するかのいずれかであり、科目固有の資質・能力を具体化する試みはほとんどなされていないのが現状である。

　そこで、本項では、歴史総合において生徒に求められる資質・能力を具体化することを試みる。歴史総合は、「近現代の歴史の変化に関わる諸事象について、世界とその中における日本を広く相互的な視野から捉え、資料を活用しながら歴史の学び方を習得し、現代的な諸課題の形成に関わる近現代の歴史を考察、構想する科目」（文部科学省　2019、123 頁）である。歴史総合では、「時期や推移などに着目して因果関係などで関連付けて捉え、現代的な諸課題の形成に関わる近現代の歴史について考察したり、歴史に見られる課題や現代的な諸課題について、複数の立場や意見を踏まえて構想したりする」（文部科学省　2019、125 頁）社会的事象の歴史的な見方・考え方を働かせ、課題を追究したり解決したりする活動が求められる。学習の構成は 4 つの大項目からなり、大項目 A では、日常生活や地域にみられる諸事象が歴史とつながっていること、資料に基づいて歴史が叙述されていることを理解し、歴史を学ぶ意義や歴史の学び方を考察する。大項目 B〜D は、近現代の歴史の大きな変化である近代化、大衆化、グローバル化に対応し、いずれの大項目においても中項目(1)で身近な資料から考察し、問いを表現し、(2)及び(3)で(1)の問いを踏まえた主題を設定し、資料を活用して課題を考察する。

B及びCの(4)で現代的な諸課題の形成に関わる歴史的な状況を考察するための観点を活用して主題を設定し、現代的な諸課題の形成に関わる近現代の歴史を考察し、表現し、Dの(4)で生徒が持続可能な社会の実現を視野に入れ、主題を設定し、歴史的な経緯を踏まえた現代的な諸課題の理解とともに、諸資料を活用して探究する活動を通し、その展望などについて考察、構想し、それを表現することでまとめる。

　歴史総合の科目の特性や学習の構成から、本科目でめざされる学習の特徴が読み取れる。第1が現在との関連を重視した学習、第2が資料に基づいた学習、第3が問いを出発点として生徒自身の問題意識から主題を設定し、課題を考察する学習、第4が現代的な諸課題を形成した近現代の歴史像を表現し、今後の展望を考察、表現する学習である。これら4つの特徴を持つ歴史総合の学習と、前項で検討した歴史家の営みを比較すると共通点と相違点が窺える。

　共通点の第1は、主体的な問いを出発点とすることである。歴史家と生徒はいずれも自身の主体的な問題意識から問いを設定し、その問いから歴史の考察を開始する。第2は、史資料[5]を基に歴史を考察することである。歴史家は史料を関連づけながらそれを根拠に歴史を叙述し、生徒も複数の資料の関係や異同に着目し、諸資料の検証と論理性が重要であることを理解して（文部科学省　2019、135頁）、歴史を表現する。第3は、歴史像の考察を図ることである。歴史家は問題設定に関する仮説を提示し、自己の歴史像を構築し、生徒は問いに関する仮説を立て、主題を設定し、事象の意味や意義、関係性などを考察し、歴史に関わる諸事象の解釈や歴史の画期を表現することで歴史像を構築する。相違点の第1は、歴史総合では現在との関連が重視されていることである。本科目では現在を理解するために歴史を考察する実用的な歴史という側面が強調される。この側面は歴史を学ぶ意義として想定されるものではあるが、これを強調するかは歴史家によって意見が分かれるところであろう。第2は、歴史総合では資料を選択する資質・能力が重視されていないことである。歴史総合では、資料の種類、資料を批判的に読み取り、吟味することの重要性は述べられているが、生徒が資料を選択することに関してはあまり記述がみられない。歴史総合における資料の活用に関して、「平素の学習において、示された資料などの内容を無批判に受け入れるのでなく、自ら資料を収集・選択する力やそれを批判的に読み取って解釈し考察に生かす力」

（文部科学省　2019、188 頁）という文言があるように、資料の収集・選択について若干の記述は確かにあるものの、基本的に資料を選択するのは教師であり、教師に適切な資料選択を求める記述が中心となっている。第3は、歴史総合では、事実認識、事実解釈、歴史認識の区別が十分なされていないことである。「『歴史』が表すものには、過去の事柄そのものという意味と、過去の事柄についての叙述（歴史叙述）という意味とがある」（文部科学省　2019、138 頁）という事実と叙述の区別は示されているものの、中項目 (2) で資料を活用して仮説を立て、(3) で主題を設定して、事象の意味や意義、関係性などを考察し、歴史に関わる諸事象の解釈や歴史の画期を表現するにとどまり、事実認識、事実解釈と歴史認識の区別までは想定されていない。

　共通点をみると、歴史家の営みと歴史総合における生徒の歴史学習は酷似しており、思考力・判断力・表現力の育成を図る歴史総合では、歴史家の営みと同様の歴史学習を通して、生徒が歴史像を構築することが求められていると判断できる。相違点の第2・3は、歴史総合が持つ課題と考えられる。生徒の主体的な問いを出発点とする歴史総合では、問いに即した資料の収集、選択の主体も教師から生徒へと転換すべきである。そして、資料の背後にある事実の認識、それらの事実の関連から事実の意味を明らかにする事実の解釈、その解釈の結果から歴史像を構築する歴史の認識間の相違は生徒にも明確に区別させるべきである。その上で主題設定を通して、歴史像の構築へと向かうよう学習を構成する必要があろう。

　さらに、言語論的転回以後の歴史学の動向、主体的、対話的で深い学びの実現を図る今次の学習指導要領の理念を鑑みると、遅塚の論じる歴史家の営みと歴史総合における生徒の歴史学習の双方の課題も指摘できる。それは、前述した大戸の相互批判による検証の重要性が表現されていない点である。歴史がありのままの事実を記述するものでなく、歴史家の見方や立ち位置を反映した叙述である以上、多様な歴史解釈が存在することは自明であり、「複数の考えかたが提起された場合、それぞれについて、論理に矛盾や無理がないか、その考えかたに対立する材料（＝史料）はないか、検討が重ねられることによって、どの考えかたにもっとも説得力があるか、吟味がなされる」（大戸　2012、250 頁）必要がある。もちろん遅塚も作業工程⑤において歴史家による相互検証で歴史像を修正することを想定してはいるが、相互検証をより積極的に強調し、相互の歴史解釈や歴史像を

検証しあい、より妥当性を高めていくという作業工程を歴史家の営みに追加すべきである。そして、歴史総合においても、生徒の主体的な学びだけでなく、その学びによって各自が形成した歴史解釈や歴史像を相互に検証しあい、より妥当なものへと高めていくという協同的な学びが明示されるべきである。それこそが、対話的で深い学びの実現を可能にするであろう。そのため、互いの歴史像を検証し合う学びを取り入れる必要がある。

　以上から、歴史総合における生徒の学習では、①資料の考察から問いを設定する、②問いを踏まえた主題を設定し、その主題に関わる資料を収集、選択する、③選択した複数の資料から多様な歴史的事実を認識する、④複数の資料の関係性や相違から歴史的事実を関連づけ、解釈する、⑤歴史的事実の解釈から②で設定した主題に関する仮説を提示し、歴史認識を表現する、⑥歴史認識を互いに検証し、高めていくという 6 つの過程が考えられる。

　これより、本項では、この学習過程からなる歴史総合の授業において生徒に求められる資質・能力を、①問いを設定する資質・能力、②主題に関わる資料を収集、選択する資質・能力、③複数の資料から多様な歴史的事実を認識する資質・能力、④歴史的事実を関連づけ、解釈する資質・能力、⑤仮説を提示し、歴史認識を表現する資質・能力、⑥歴史認識を検証しあい高める資質・能力とし、これらを資質・能力の枠組みとして提案する。

2．歴史総合において生徒に求められる資質・能力の具体像の考察

　前節において、歴史総合という歴史系科目固有の資質・能力の枠組みを確定した。しかし、この枠組みだけでは、これらが具体的にはどのような資質・能力であるのか、これらの資質・能力をどのように評価できるのかまでは明らかにすることはできない。本節では、これら資質・能力の枠組みをさらに検討することで、歴史総合において生徒に求められる資質・能力の具体像を究明する。

　前節で検討した歴史総合における生徒の歴史学習を図化したのが次頁の図 1 である。図 1 に沿って、歴史総合における生徒の歴史学習と、その学習で求められる資質・能力を検討する。生徒の歴史学習は、生徒が自らの問題意識から問いを設定することで始まる。この学習過程において、生徒は資料を読解することで自らの問題意識を形成し、その問題意識から問いを設定する資質・能力を発揮する。

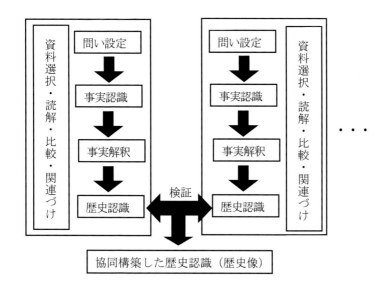

図1　**歴史総合における生徒の歴史学習**（筆者作成）

　次に、その問いを考察するために活用する資料から、歴史的事実を認識しなく
てはならない。この学習過程では、問いを踏まえて主題を設定し、その主題の考
察において適切な資料を取捨選択し、複数の資料を照らし合わせて比較すること
で、各資料の背景にある歴史的事実を認識するための資質・能力が求められる。

　それから生徒は、認識した複数の歴史的事実を関連づけて歴史的事実が持つ意
味を解釈していく。この学習過程では、複数の資料にみられる共通点や相違点等
に着目して資料間を関連づけ、その関連から複数の歴史的事実間の関連や相違を
見出すことで、歴史的事実の意味を明らかにする資質・能力が必要である。

　そして生徒は各自で、歴史的事実の解釈から主題に関する仮説を設定すること
で、歴史像を構築する。ここでは、主題に対して論理的に矛盾がないこと、事実
に立脚することに留意しながら、歴史的事実の解釈に基づいて資料を踏まえた仮
説を設定し、その仮説から自らの歴史像を表現する資質・能力が発揮される。

　最後に、自身が構築した歴史像を他者のそれと比較、検証し、より高次の歴史
像へと高めていく。この学習過程では、自身や他者の歴史像がどのような歴史的

事実の意味から形成され、その歴史像の根拠は何かを資料に基づいて検討し、論理的整合性と事実立脚性の観点から自身や他者の歴史像を評価することで、妥当性と信頼性の高い歴史像を協同で構築する資質・能力が肝要である。

　全ての学習過程において基盤となっているのが資料であり、資料が常に選択され、読解され、比較され、関連づけられることで、歴史学習が成り立っている。そこで、6つの資質・能力の枠組みの内、②主題に関わる資料を収集、選択する資質・能力はその他5つの枠組み全てで機能するよう組み込むのが適切である。

　以上を踏まえて、歴史総合における生徒の歴史学習において、生徒に求められる具体的な資質・能力を明示したのが表1である。

表1　歴史総合において生徒に求められる資質・能力の構成

資質・能力	下位の資質・能力
問いを設定する	・資料の読解を通して自分の問題意識を明確にできる ・自分の問題意識に即した問いを設定できる
歴史的事実を認識する	・問いを踏まえて主題を設定できる ・主題に即して適切な資料を複数選択できる ・複数の資料を照らし合わせて、比較できる ・各資料の背景にある歴史的事実を認識できる
歴史的事実を解釈する	・複数の資料の共通点や相違点を見出し、関連づけることができる ・資料間の関連づけから、複数の歴史的事実の関連や相違を見出すことができる ・歴史的事実を関連づけて、歴史的事実の意味を明らかにできる
歴史認識を表現する	・主題に対して歴史的事実の解釈に基づいて資料を踏まえた論理的に矛盾がなく、事実に立脚した仮説を設定できる ・仮説に基づいて自らの歴史像を表現できる
歴史認識を検証しあう	・自身や他者の歴史像の背景にある歴史的事実の意味やその歴史像の根拠を資料に基づいて明らかにできる ・自身や他者の歴史像を論理的整合性と事実立脚性から評価できる ・より妥当で信頼性の高い歴史像を協同で構築することができる

（筆者作成）

　表1の資質・能力は単なる枠組みであり評価できないが、下位の資質・能力は評価規準となりえるため、ルーブリックを作成し、評価することが可能である。内容志向から資質・能力志向へと転換したのであれば、明確な評価規準が不可欠

である。現在の「知識及び技能」、「思考力、判断力、表現力」、「学びに向かう力、人間性等」という 3 本の柱からなる資質・能力は枠組みにすぎず、評価規準としては曖昧で、有効に機能しない。資質・能力志向においては、育成する資質・能力を評価可能な形式で可視化することが求められる。表 1 で提示した歴史総合において生徒に求められる資質・能力は、資質・能力志向の動向に応える新たな資質・能力の具体像を提示するものであると考える。

3．総括

　本章では、歴史哲学と歴史教育の観点から歴史家や生徒に求められる資質・能力を検討することで、歴史総合において生徒に求められる資質・能力の枠組み、その下位となる具体的な資質・能力を提示した。提示した資質・能力は歴史総合という科目に限定しているが、実際にはこれらの資質・能力は、歴史家に求められる資質・能力と酷似した歴史の探究や叙述に関わるものであり、そのため、日本史探究や世界史探究において生徒に求められる資質・能力に援用可能であり、もっと言えば、援用すべきであると考える。

　資質・能力は累積的に育成するものであり、歴史総合で育成した資質・能力が日本史探究や世界史探究において累積的に高められることが望ましい。歴史総合では前述の通り、現在との関連が重視されている。現在に利する実用的な歴史という観点から構成され、その意義を強調する歴史系科目である。遅塚は、「実用に適した教訓を与えようとか、現実問題についての指針を示そうとか、将来の展望を予測しようとか・・・(略)・・・、こういった意図は、いずれも歴史学の本来の目的からの逸脱であると私は考えている」(遅塚　2010、93 頁) とし、「歴史学の営みの目的は、結局のところ、読者に思索の素材だけを提供し、読者を思索に誘うことにある」(遅塚　2010、93 頁) と述べる。哲学的な表現ではあるが、これは歴史学習においても同様であろう。歴史から拙速に教訓や示唆を得ようとするのではなく、歴史の事実を調べ、考察を深め、探究しようとする姿勢を獲得することこそが歴史を学ぶ本来の意義である。本章で提示した資質・能力の具体像はこの歴史を探究する姿勢で育成されるものであり、こうした歴史総合における探究を日本史探究や世界史探究においてさらに高めるという歴史学習へと深化・発展させることが、歴史教育改革がめざすべき道ではないであろうか。

〈注〉

1) 松下佳代編著（2010）『〈新しい能力〉は教育を変えるか－学力・リテラシー・コンピテンシー』ミネルヴァ書房、松尾知明（2015）『21世紀型スキルとは何か－コンピテンシーに基づく教育改革の国際比較－』明石書店、小塩真司編著（2021）『非認知能力－概念・測定と教育の可能性－』北大路書房などを参照。

2) 原田智仁編著（2019）『高校社会「歴史総合」の授業を創る』明治図書、島村圭一・永松靖典編（2021）『問いでつくる歴史総合・日本史探究・世界史探究－歴史的思考力を鍛える授業実践－』東京法令出版などを参照。

3) 例えば、米山宏史（2019）「学習指導要領の改訂と高校『社会科』教育の課題」歴史学研究会編『歴史学研究』第979号、績文堂出版、36-44頁、歴史教育者協議会編（2020）『世界と日本をむすぶ「歴史総合」の授業』大月書店、220-225頁などを参照。

4) 筆者はこれまでドイツ歴史教授学におけるコンピテンシー・モデルの考察を通して、歴史系科目固有の資質・能力の設定の重要性を論じている。拙稿（2019）「社会科学習指導要領におけるアウトカム志向への転換に関する考察」日本教科教育学会編『日本教科教育学会誌』第42巻第2号、13-23頁など参照。

5) 歴史学では従来、文献を中心とした一次史料を扱うことが多く史料という用語が、歴史教育では遺跡、日記、手紙、文書、文学、風刺画など過去を知る手がかりとなる様々な歴史資料を活用するため、資料という用語が使用される。そのため、歴史学の文脈では史料、歴史教育の文脈では資料、両分野共通の文脈では史資料と表記する。

〈引用・参考文献〉

大戸千之（2012）『歴史と事実－ポストモダンの歴史学批判をこえて－』京都大学学術出版会

桂島宣弘（2019）『思想史で読む史学概論』文理閣

小原友行編著（2009）『「思考力・判断力・表現力」をつける社会科授業デザイン　中学校編』明治図書

遅塚忠躬（2010）『史学概論』東京大学出版会

長谷川貴彦（2020）「『転回』以降の歴史学－新実証主義と実践性の復権－」恒木健太郎・左近幸村編『歴史学の縁取り方－フレームワークの史学史－』東京大学出版会

文部科学省（2018）『中学校学習指導要領解説　社会編』東洋館出版社

文部科学省（2019）『高等学校学習指導要領解説　地理歴史編』東洋館出版社

第5章　教育実践研究を深める・究める
—エビデンス・レベルを踏まえた検証による教育実践研究の勧め—

鈴木　久米男

　本稿では、エビデンス・レベルを踏まえた教育実践研究の進め方を検討する。学校でまとめられる教育実践報告は、一般的には手立て等の効果の検証において主観的な印象評価が多用される。一方、教育実践研究の検証では、科学的な手法に基づいた客観的な評価に基づくことが原則となる。そのために本稿では、教育実践研究における成果等の検証において、エビデンス・レベルの援用を提案する。

1．教育実践報告と教育実践研究論文の違い

　本節では、学校で一般的に取り組まれている教育実践のまとめである「教育実践報告」と、主に教職大学院の院生や大学の教育実践の研究者等が研究の手順を踏まえた研究報告として作成する「教育実践研究論文」の違いを検討する。

(1)　教育実践報告と教育実践研究論文とは

　小学校や中学校等において、学校の実態を踏まえて研究テーマを設定した上で共同研究により取り組まれるのが学校課題研究等と呼ばれ、その成果をまとめて教育実践報告としている。この実践報告は、教員個人で行われる場合もある。

　一方、小・中学校等の一部の教員や大学、教職大学院等において、教育課題解決のために研究的な手法を踏まえて取り組まれているのが教育実践研究であり、成果をまとめたものが教育実践研究論文である。

　教育実践報告と教育実践研究論文の違いは、成果や調査結果の検証方法にある。一般的に教育実践報告は、教育実践の課題解決のために実践や調査を行い、検証の方法としては事実の記載を主とする。それらは、学校課題研究や教員の個人研究の成果として作成される。

　教育実践研究論文とは、学校教育に関する実践課題の解決や実態把握を目的に、実践や調査を行った上で、科学的な手法を踏まえながら何らかの検証を行った実

践研究の結果をまとめたものである。実践者は、学校の教員や教職大学院等の院生、さらに大学等で教育研究に取り組んでいる研究者等様々である。

これらの分類は、便宜的なものであり、教育実践報告としながら手法として教育実践研究論文となっている場合やその逆もみられる。

(2) 教育実践の成果と検証

教育実践の成果や調査結果の違い等を判断する際に、指導の効果や調査対象の集団による違いをどのように検証するのかが重要となる。

教科指導等の効果を判断する一般的な方法として、事前・事後に実施した意識調査や理解度を確認するテスト等の変容を検討することがある。また、調査結果の分析においては、学年による認識の違い等を検討する。多くの場合、学校で行われる一般的な検証の方法は、結果の平均値を表やグラフで示すことである。検証の際、教育実践の結果が有効かどうかを、客観的な根拠に基づいて判断する必要がある。判断の基になるものとして、学習活動による成果や実態調査等における対象とした集団の調査結果等がある。学習の成果としては、児童生徒の学習記録やテストの結果、作品や認識調査の結果等がある。また、実態としては、集団の属性としての学年や現状把握のための調査等である。

このことを踏まえて、指導の結果が有効かどうかの判断の具体例として、表1に示した具体的な数値データを用いて検討する（鈴木 2019B、41 頁）。

表1　実験群（先行オーガナイザー法による指導）と対照群の結果

生　徒	1	2	3	4	5	6	7	8	9	10	平均値	標準偏差
実験群(先行オーガナイザー法)	8	5	7	6	4	7	6	5	6	3	5.7	1.494
対照群(従来の方法)	6	4	5	5	3	6	5	6	3	5	4.8	1.135

ここで例として扱うのは、表1に示したように理科の指導において、先行オーガナイザー法と従来の方法とで授業を行い、事後テストの結果から手立ての有効性を確認するものである。その際の研究上の問いは、「学習方法の違いにより、事後テストの平均値に違いがあるか。」である。さらに、「指導した実験群と対照群の二群の平均値の差に、科学的な根拠があるといえるか。」とすることもで

きる。これらの問いの違いが、教育実践報告と教育実践研究論文の区別に対応することになる。そのためにも、成果として何がいえるのかを事前に想定した上で実践を進める必要がある。

　教育実践のまとめとして、平均値の違いを根拠にすることが多い。このことから、教育実践の効果として実験群の平均値の方が高くなり想定した手立てが有効であった、と結論づけることになる。一方、教育実践研究の検証として用いる場合は、数値データであれば何らかの統計処理による検定を行うことが求められたり、テキストデータであれば科学的根拠となる何らかの処理が求められたりする。

　ここで表 1 の分析結果を確認する。表 1 の結果に対して、2 群の平均値の差が有意かどうかを分析する t 検定を実施すると、「二つの群に有意な差はなく、必ずしも指導法により差が生じているとはいえない。」が結論となる。このことについては、本章 5 節 3 項で具体的な手順及び結果を検討する。

2．教育実践研究におけるエビデンス・レベルとは

　教育実践の成果や調査結果の集団による違い等を検討する際には、平均値の違いに着目するのか、平均値の違いが統計的に有意なのか等の検証の手立てを事前に想定しておく必要がある。その際、教育実践等の成果の検証において、どのような方法で有効性を確認するのかを、エビデンス・レベルを踏まえて事前に検討しておくとよい（鈴木 2018A）。

(1)　教育実践研究の検証におけるエビデンス・レベル

　教育活動や教育実践研究における効果を検討する際に、どういった内容をどのような方法で検証するのかを、エビデンス・レベルに基づいて事前に想定しておく必要がある。その際に手がかりとなるのが、岩崎（2017、22 頁）に基づいて鈴木（2018A、41 頁）が示した、教育実践研究におけるエビデンス・レベルである。

　教育実践の成果を検証する際に、事前にエビデンス・レベルを検討しておくことにより、実践成果のまとめを教育実践報告とするのか、教育実践研究論文とするのかを想定することができる。

(2)　エビデンス・レベルとは

　エビデンス・レベルとは、教育実践研究等における検証の方法を、レベルとし

て資料の提示から論証の手順に基づいた内容まで、段階を踏まえて設定したものである。表2により、教育実践研究におけるエビデンス・レベルと検証の具体的な内容を確認する。表2には、レベルに応じて「レベルに対応した方法」や「活

表2　データ活用の際の「エビデンス・レベル」の設定

レベル	レベルに対応した方法	活用の目的	活用場面の例
7	実践対象：多数のペア無作為 実験群と対照群 特定の手立て ：内容　多数　無作為 ＋ 統計等の分析	教育実践に関する理論知の創出における検証	○教育実践における理論知の提案としての教育実践研究
6	実践対象：多数のペア無作為 実験群と対照群 設定した手立ての実践 ：内容　複数 【または】 実践対象：複数 設定した手立ての実践 ：内容　多数　無作為 ＋ 統計等の分析	対象または内容を限定した教育実践に関する理論知の創出における検証	○実践対象の傾向、または実践内容の有効性の提案による教育実践研究
5	実践対象：複数のペア 実験群と対照群 設定した手立ての実践 ：内容　単一 【または】 実践対象：一つのペア 設定した手立ての実践 ：内容　複数 ＋ 統計等の分析	教育活動における特定の手立ての有効性に関する、論証の手続きを踏まえた客観的な検証	○複数の実践対象の特性や複数の手立ての効果に関する教育実践研究
4	実態把握：一つのペア 群　　：実験群と対照群 時期：事前と事後　等 実践内容：一つの手立て ＋ 統計等の分析	教育活動における特定の実践対象や手立ての効果に関する客観的な検証	○特定の実践対象の特性や特定の手立ての効果に関する教育実践研究
3	指導による変容や指導法による違い 群　　：分析対象とする群 時期：事前と事後　等 ＋ 変容等の提示	比較による特定の手立ての効果についての印象評価	○特定の実践対象の特性や特定の手立ての効果に関する教育実践報告
2	データの集計による表やグラフの提示	教育活動等の実態把握	○教育活動の実態把握のための資料提示　等
1	数値データや文字データによる資料提示	教育活動等の記録	○教育活動の実態の提示 等

（岩崎　2017 及び 鈴木　2018A を基に筆者が加筆）

用の目的」「活用場面の例」が示されている。

　レベル1は、数値データや文字データそのものを情報として提示する場合である。数値データとしては学習成績や参加数等であり、文字データとしてはカテゴリーを示す用語やアンケートの自由記述等がある。主に実態や活動状況を示すための記録が実践のまとめとして活用される。

　レベル2は、数値データや文字データを集計し、表やグラフとして示した場合である。データを何らかの方法で集計することにより、実態や教育活動の変容状況を示すことができる。

　レベル3は、実践対象や事前・事後の時期等に関して、対応するデータの変容や差異を表やグラフで示す場合である。各群の実態や指導の効果等を変化や違いとして示すことができる。ただしこのレベルについては、教育実践報告において印象評価として活用される。

　レベル4は、実践対象とする群として、実験群と対照群等の一つのペアやグループとしての複数の学級や学年等を対象とする場合である。その上で得られた結果を統計分析等により検証する。また、授業における指導の効果をみるための事前・事後テストや実態調査の属性による分析等も含まれる。一般的にはこのレベル以上の分析結果を教育実践研究の検証として用いる。

　レベル5は、想定した手立て等の有効性を確認するために、複数の実験群と対照群のペアを設定して実践を行う場合である。または実践対象として一つのペアに対して、想定した手立てに対応する複数の指導単元等を設定して実践を行う場合である。これらの指導による結果を統計的な手法等を用いて分析して、結果を検討する。

　レベル6は、想定した手立て等の有効性を確認するために、無作為に選定した多数の実験群と対照群を対象に、手立てに対応した複数の指導の単元を設定して実践を行う場合である。または実践対象として複数のペアに対して、想定した手立てに対応する無作為に選定した多数の指導単元等を設定して実践を行う場合である。これらの指導による結果を統計的な手法等で分析し、結果を検討する。

　レベル7とは、想定した手立て等の有効性を確認するために、無作為に選定した多数の実験群と対照群を対象に、想定した手立てに対応する無作為に選定した多数の指導単元等を設定して実践を行う場合である。これらの指導による結果を

統計的な手法等を用いて分析して、結果を検討する。

　以上のようなエビデンス・レベルの検討から、教育実践研究として有効性を示す場合は、レベル4以上の検証を行うのが望ましいといえる。

３．教育実践研究の手順の検討

　教育実践研究に取り組む際の手順として、①課題の抽出による研究目的の設定、②論文等の形式の想定、③研究目的等を確定するための探索活動、④研究のための目標規定文の作成、⑤研究全体の構想、⑥検証の方法を踏まえた実践によるデータ収集、⑦実践成果等の分析による検証、⑧論文等の作成、⑨研究倫理の遵守等が想定される。この手順を踏まえて、研究に取り組むことになる（鈴木2020D）。具体的な取り組みとして、ここで示した①から⑨の具体的内容を検討する。

①　課題の抽出による研究目的の設定

　これまでの教員としての教育実践や大学等での学修により、自分なりの実践課題を設定する。現職教員の場合は、具体的な課題としてこれまでの教科指導や生徒指導等から課題が抽出される。また学生や院生として、大学や大学院等で研究課題を設定する場合は、これまでの授業科目や実習等での経験、さらに自分なりの課題意識に基づいて課題を抽出していくことになる。これらの課題を踏まえて、自分なりの研究の目的を設定する。

②　論文等の形式の想定

　作成する論文等の形式を事前に想定しておく必要がある。教育実践の成果として示す事項や、検証の方法等を事前に想定することにより、論文等の全体構成を検討しやすくなる。教育実践報告の作成であれば、成果等の検証は事実の提示が中心であり、成果として得られたデータを表やグラフで示すことになる。さらに教育実践研究に取り組むのであれば、実践成果の検証において、ある程度統計分析等を組み込むことが求められる。

　分析によって明らかにすべき内容の検討と同時に、実践の成果を分析する方法、さらに収集すべきデータを事前に検討する必要がある。

③　研究目的等を確定するための探索活動

　自分で設定した教育実践上の課題に対する解決策としての手立てが、既に他校の教員等により実践され、報告や論文として公表されている場合がある。このこ

とから実践の状況を把握するために、自己課題及び解決の手立てに関する書籍や研究論文等を探索し、実践状況を把握する必要がある。この場合の探索活動は実践課題を確定する段階と課題解決の手立てを想定する段階がある。

　後者は、先行研究としての探索活動である。先行研究として、はじめに研究課題に関する書籍等により研究や実践の状況把握を行う。次に、先行研究として研究論文を検索する。検索の対象は、教育関係の雑誌や学会、大学が発行する研究紀要等である。その際の Web 上の検索ツールとして、国立情報学研究所が運営する CiNii（図1）の Web サイトや国立国会図書館、さらに Google Scholar 等

図 1　CiNii Research の検索画面 [1]

が便利である。それらの検索ツールを用いて、課題や解決のための手立て等に関係するキーワードを入力することで、論文を検索できる。また、検索した論文を印刷できる場合もある。もし印刷できない場合は、国立国会図書館や近くの大学、あるいは地域にある公立図書館等に複写を依頼する。

　さらに、研究課題によっては教育実践に関する調査が必要な場合もある。教育実践研究論文として報告されている時は、論文と同様に検索ができる場合がある。また、各学校で作成した研究紀要等の実践報告書を、国立教育政策研究所が収集していることがある。それらの資料は、同研究所の HP から検索することができる（参照 ttps://erid.nier.go.jp/cer/database/SIDOUAN/）。

④　研究のための目標規定文の作成

　研究のための目標規定文とは、事前に研究の流れとしての「研究の論点」や「論証の方法」「研究の結論」を想定して作成するものである（石井 2011、66 頁）。「研究の論点」とは、研究課題をどのようにとらえ、何を明らかにしたいのかを示すことであり、リサーチクエスチョンとしての問いを明確にすること、ともいえる。次に「論証の方法」とは、実践による成果や調査結果から対象とする群の違い等を、どのような方法で明らかにするのかを事前に想定することである。さらに「研究の結論」とは、結果の検証により手立ての有効性や集団による違いの有無等から結論を主張することである。

　研究はこれらの目標規定文を踏まえて進められるが、記載内容は研究が進むに

つれて、その都度改訂されていくことになる。

⑤ 研究全体の構想

　教育実践研究を進める際は、事前に論文等の全体のアウトラインを想定しておく必要がある。課題解決のための実践研究と実態把握のための調査研究では、アウトラインが多少異なることになる。共通しているのは、「はじめに」において研究の目的や課題設定の理由、先行研究と残された課題等が示されることである。さらに、研究内容に応じて「課題解決のための手立て」や「調査の目的」「実践並びに調査」そして「実践や調査結果」「課題解決のための手立ての有効性の考察」「おわりに」等が示される。

⑥ 検証の方法を踏まえた実践によるデータ収集

　教育実践研究において、結果の検証をより効率的に行うためには、どのような分析法を用いるのかを事前に検討しておく必要がある。分析の方法により、事前に収集すべきデータは数値データなのかや、テキストデータなのか等を想定しておく。さらに数値データの場合は、認識調査なのか理解度を把握するためのテスト形式の質問紙調査なのか、さらに学習活動の観察による集計表の作成なのか等である。テキストデータとしては、ワークシート等の記載内容なのか、質問紙の自由記述なのか、さらに授業中の発言の記録なのか等である。その際、データ収集の時期や方法、実施手順等を事前に検討しておく。

⑦ 実践成果等の分析による検証

　課題解決の手立てを踏まえた実践による結果を用いて、何らかの方法によって分析を行い、その結果により手立てが有効であったかや、集団により違いがあったか等を検討する。分析の結果として有意な差がみられた場合は手立てが有効であったとし、調査結果の場合は集団により違いがあると結論づけることになる。

⑧ 論文等の作成

　以上の手順による実践や調査データ及び検討結果等を用いて、教育実践研究論文等を作成していく。論文の章立ては、本章の⑤で検討した論文等の全体の構想を踏まえることになる。さらに提出先によっては、遵守すべき形式等を示している場合があり、このことを踏まえて論文等を作成する必要がある。

⑨ 研究倫理の遵守

　最後に、教育実践研究に取り組む際に実践者として心がけるべき研究倫理を確

認する（文部科学省 2014）。教育実践研究を進める上で、課題解決としての手立ての設定や検証のプロセス等において、実践者には何らかの独自性が求められることになる。実践した課題解決のための手立ては、それまで発表された先行研究や先行実践を踏まえた内容であることはもちろんであるが、その上で何が同じで何が独自なのかを明確に示す必要がある。出典を明確に示さないと無断でアイデアを流用したことになり、「盗用」となってしまう。さらに研究での公正さを確保するために禁止されている事項として、存在しないデータや結論を作成する「ねつ造」、及びデータや結果を自分の都合で加工してしまう「改ざん」等がある。教育実践研究を進める際には、研究倫理に関するこれらの禁止事項に抵触しないようにしなければならない。

４．教育実践で生成されるデータと成果の検証

　教育実践で生成されるデータとして、児童生徒の学習活動の様子やワークシート、ノート等の記載内容、及び理解度のテスト、認識調査の結果等様々ある。研究成果としてこれらの結果を検討する際は、事前に想定したエビデンス・レベルを踏まえた分析法を想定しておく。

(1)　データの種類と分析法

　教育活動において生成されるデータには、テキストデータや数値データがある。
　テキストデータとは、学習活動による記録や作文、調査紙の自由記述等である。さらに、性別や学年、居住地等は、児童生徒の属性に関するカテゴリーデータである。検証の際、自由記述等のテキストデータは事実として提示したり、着目した用語の出現回数をカウントしたりする。加えて、場合によってカテゴリーデータは、クロス集計表にまとめたり、さらに統計分析を行ったりする。
　数値データは、集めたデータの形式によって分析法が異なる。さらに、調査において認識等の程度を SD 法によって調べた場合、区分が５段階以上としたときは順位尺度ではなく間隔尺度とみなすことが多い（平井 2012、20 頁）。よって平均値や標準偏差を求めることができ、多様な分析法を適用することが可能となる。

(2)　有効性の検証

　教育実践報告の作成において多くの場合、設定した実践等の有効性の検証は印象評価にとどまることが多い。具体的には、学習の様子や理解度のテストの実態提示等である。表2のエビデンス・レベル3までの検証の方法は、あくまで個々人の主観によるものである。

　教育実践研究においては、エビデンス・レベル4以上の検証を実施することが望ましい。そのために、どのような分析法を採用すべきかを事前に検討した上で、データの収集に取り組む必要がある。

　このことを踏まえて、エビデンス・レベルに応じた検証の方法を検討する。

(3)　エビデンス・レベルに応じた検証の方法

【レベル1：事実の記録による資料の提示】

　このレベルに相当するエビデンスの提示法としては、事実の記録としての単語や文章、及び数値データ等の提示である。具体例として、ワークシートや調査紙の自由記述等の記載内容、参加人数や選択者の数等様々なデータが想定される。それらのデータを、学習成果を評価するための資料として用いる。

【レベル2：表やグラフの提示】

　このレベルに相当するエビデンスの提示法は、教育活動で得られた数値やテキストデータを集計し、表やグラフで示すことである。表にまとめることで傾向を把握することができ、さらにグラフにすることで効果等の判断を助ける。しかし、数値の増加やグラフ大きさの違いを評価するのはあくまで実践者自身であり、主観的といえる。

【レベル3：群間の比較】

　このレベルに相当するエビデンスの提示法は、群間の比較や群内の変容を示すことである。具体的には、学習効果の学年による比較や特定の学級での事前・事後の変容等を確認することである。結果を示す際は、平均値を表やグラフで示すことが多い。その際、変容の大きさが学習効果によるものであるかどうかの判断は、あくまで実践者個々人の主観的な印象評価である。

【レベル4：数値データの統計分析やテキストデータの分析】

　このレベルに相当する検証法は、数値データの場合はデータの形式に応じた統

計分析であり、テキストデータの場合は M-GTA やカテゴリーデータを用いた統計分析を行うことである。統計分析を経ていることから、これらの分析結果は、教育実践研究におけるレベル4に相当する検証とすることができる。

　本レベルに相当する検証の方法は、図2に示したように、様々な検証方法が存在する。教育活動によって生成されたデータにより、必要に応じて分析の方法を選択することになる。

　レベル5以上の検証は、基本的にレベル4の分析法を踏まえるとともに、レベルに応じて対象とする集団や実践内容等の組み合わせが変わることになる。

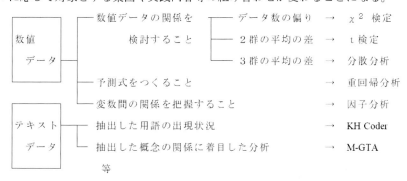

図2　データの種類と分析法（鈴木 2020D を筆者が一部改編）

5．数値データの分析

　エビデンス・レベルを踏まえた数値データの検証法について検討する（鈴木 2018B）。

表3 教科の好み

	国語	数学
男　子	40	50
女　子	55	35

(1)　レベル1、2、3でのデータ提示

　レベル1、2に相当する成果の提示は、数値データを示したり、表やグラフにしたりして示すことである。さらにレベル3は、群による違いを表やグラフで示すことである。

(2)　レベル4　以上の分析法

　レベル4以上に相当する数値データの分析法は、図2に示したように、データの形式によって分析法が異なる。なお、ここで検討する表3、4、5、6は鈴木（2018B、50、51頁）による。ここで扱ったデータは、あくまでデータ処理のための仮定の

データである。

　例えば、表 3 のような集計表「教科の好み」において性別により教科の好みに違いがあるのかどうかを分析する場合は、χ^2 検定を用いる（鈴木　2019A）。このことにより、性別による教科の好みに違いがあるかどうかを検討できる。

　先に示した表 1 の結果を用いて、指導法による 2 つの群の事後テストの平均値が有意に異なるかどうかを検討する場合は、t 検定が用いられる（鈴木　2019B）。分析結果から、平均値の違いが有意か、有意でないかを検討することができる。

　表 4 のように、1 年や 2 年、3 年と比較する群が 3 つ以上の場合は、t 検定を用いることができない。その場合は分散分析を行う（鈴木　2019C）。分散分析を実施することにより、平均値が学年によって有意に異なるかどうかを検討することができる。さらに、学年の違いが有意になった場合、どの学年の差が有意かどうかを多重比較により検討することができる。

　表 5 のように、それぞれの生徒の考査の総得点が、学習時間や蔵書数、朝食回数とどのような関係があるのかを検討するのが回帰分析である。この例では総得点と関係する変数が 3 つあるので、重回帰分析と呼ばれる。重回帰分析を実施することにより、回帰傾向が有意であるかどうかや、有意であった場合どの変数が有意に寄与しているのか、さらに寄与はどの程度か等について検討することができる（鈴木 2019D）。

表4 環境に関する設問の得点

1 年		2 年		3 年	
生徒No.	得点	生徒No.	得点	生徒No.	得点
1	3	1	2	1	3
2	1	2	3	2	4
3	2	3	3	3	5
4	2	4	3	4	5
5	2	5	4	5	5

表5 生徒の学習指標と総得点との結果

生徒	学習時間（時間）	蔵書数（冊）	朝食回数（一ヶ月）	考査の総得点（点）
1	1.0	200	11	130
2	1.9	2000	14	150
3	0.5	30	3	60
4	1.9	3100	18	170
5	2.3	1600	26	190
以下略				

　表 6 は、教員の自己の実践力に関する自己評価の結果である。質問項目として、「教科専門性」や「生徒指導」「授業構想」等 6 つの調査項目が示されている。各教員の自己評価の際に、背後にある共通の影響を及ぼすような因子があるのか

どうかを検討するのが、因子分析である。因子分析により背後にある要因の存在の有無、さらに要因の自己評価に対する影響の強さを検討することができる（鈴木　2020A）。

表 6　教員の自己の実践力に関する自己評価の結果

No	教員	教科専門性	生徒指導	授業構想	部活動	教員間の関係	教材開発
1	m	4	2	3	2	3	4
2	n	4	4	3	4	4	3
3	o	2	3	2	4	3	2
4	p	4	3	3	3	3	3
5	q	5	2	4	3	3	4
6	r	3	3	3	4	4	3
7	s	4	3	4	3	2	4
8	t	3	4	3	3	3	2
9	u	4	2	3	3	2	3
10	v	3	2	4	3	3	3

(3)　t 検定の実際

　理科の指導法の違いによる事後テストの結果である表 1 のデータを用いて、 t 検定を実施する。

【HAD による数値データの統計分析】

　ここでは分析に清水（2016）による統計分析のためのフリーソフトである HAD を用いる。初めに HAD をインストールし、その上で表 1 のデータを読み込ませる。次に、図 3 のように、「差の検定」の中の「平均の差の検定」をチェックし、右下の「OK」をクリックすると、図 4 のような結果が示される（手順の詳細は、鈴木 2019B を参照）。なお、図 3、4 は鈴木（2019B、44、45 頁）による。

　図 4 に示したように、図の上部には集団ごとの平均や標準偏差等が示される。さらに下部には、差の検定として、分散が等しいことを仮定しない分析法としての Welch 検定、さらに等分散を仮定する t 検定の結果が示される。表 1 の平均の差の検定である t 検定の結果として、図 4 に示したように p 値の大きさから「有意な差はない」となった。エビデンス・レベル 3 に相当する分析としての

図 3　分析方法の設定

平均値は、実験群の方が高かった。しかしエビデンス・レベル4に相当するt検定の結果、有意な差はみられなかった。よって指導法による差はなかったとの結論になるのである。

以上のようにエビデンス・レベル3までの主観的

対応のない平均値の差の検定 (対応のない検定)　　　　従属変数＝得点

水準ごとの平均値:

水準	平均値	標準偏差	標準誤差	95%下限	95%上限	人数
1	5.700	1.494	0.473	4.707	6.693	10
2	4.800	1.135	0.359	4.046	5.554	10

等分散を仮定する場合の標準誤差 = 0.420

差の検定

水準の組	差	標準誤差	効果量 d	df	t値	p値
Welch検定	0.900	0.593	.650	16.793	1.516	.148
t検定	0.900	0.593	.650	18	1.516	.147

※ Welch検定は2群の等分散を仮定しない検定です。

図4　分析の結果

な印象評価による結論と、レベル4での統計分析による結果が異なる場合がある。このことから教育実践研究においては、指導の効果を客観的な方法によって示すことが求められる。よって、教育実践研究の検証では、レベル4以上の分析法が求められることになる。

6．テキストデータの分析

エビデンス・レベルを踏まえたテキストデータの分析について検討する（鈴木2020B）。テキストデータは、自由記述や学習活動における記載内容等の文章によるデータと、学年や居住地等の属性を示すカテゴリーデータに区分できる。

(1)　レベル1：結果の提示

エビデンス・レベル1に相当するテキストデータの扱いは、ワークシートや小論文の記載内容、学年等のカテゴリーデータをそのまま提示することである。

(2)　レベル2：集計表の作成や図示

レベル2に相当する提示法は、着目した用語の出現回数を数え、属性によって集計表を作成したり、グラフ化したりすることである。このことにより、出現頻度や傾向等を示すことができる。また、テキストマイニングで用いるKH Coder（樋口2020）によって作成される共起ネットワークは、一般的にはこのレベルに相当する。

【KH Coderによるテキストデータの分析】

KH Coderにより、テキストデータで用いられている用語を抽出し頻度を求めたり、抽出された用語相互の出現状況を図示した共起ネットワーク等を作成したり

できる。KH Coder の具体的な使用法については、樋口（2020）もしくは鈴木（2020B）を参照願いたい。なお、図 5、6、7 は鈴木（2020B、54、55、57 頁）による。

　KH Coder を使うためには、はじめに、ソフトをコンピュータにインストールする。図 5 は、KH Coder を立ち上げた時の画面である。その際、事前に分析対象とするテキストデータを、テキストファイルとして準備しておく。次に、準備したテキストファイルを、図 5 に示した KH　Coder のメニュー「プロジェクト」から読み込ませ、「前処理」を実施する。この処理により、抽出語の出現数や抽出語相互の関係がデータとして生成される。その後は、図 6 のように、プルダウンメニューの「ツール」－「抽出語」－「抽出語リスト」により抽出語の一覧表を作成したり、「共起ネットワーク」により図 7 のような共起ネットワーク図を作成したりできる。

(3)　レベル３：変容や違い

　レベル 3 に相当する実践成果の提示法として、カテゴリーデータを指導前後や指導法等の違いによ

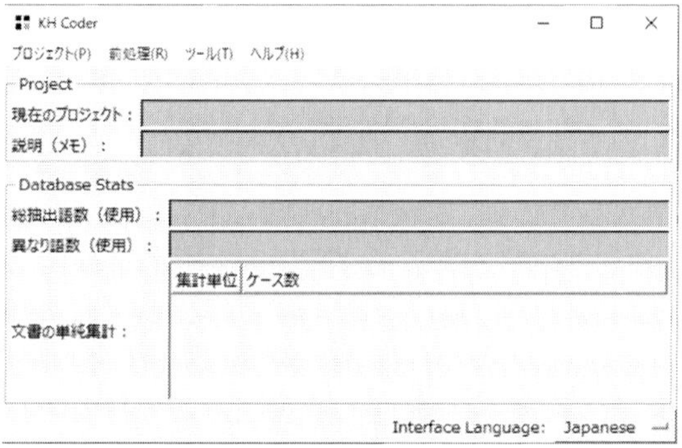

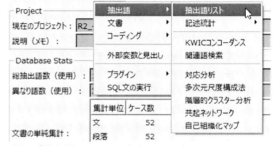

図 5　KH コーダーの初期画面

図 6　「抽出語リスト」の実行コマンド

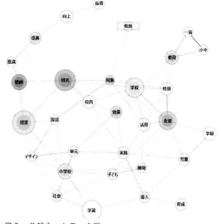

図 7　共起ネットワーク図

り集計表やグラフで表すことがある。その際の集計表の度数の違いの評価は、あくまで主観となる。

(4)　レベル4　集計表の分析やM-GTAによる分析

テキストデータにおけるエビデンス・レベル4に相当する分析法として、カテゴリーデータのχ^2検定やインタビュー調査でのM-GTA等がある。

調査したテキストデータがカテゴリーデータである場合は、クロス集計表の作成により、χ^2検定が実施できる。このことにより群による出現状況の違い等を検討することができる。

さらに、インタビュー調査の結果を分析する方法としてM-GTAがある（木下2003、鈴木2020C）。分析の手順として、はじめにインタビュー等によって得られたテキストデータを、文脈を踏まえて概念化する。次に同じような概念をまとめることでカテゴリー化し、相互の関係を表した関連図を作成する。その図に従ってストーリーラインを作成する。M-GTAでは関連図に基づいたストーリーラインの作成を理論化としている。M-GTA以外にも、GTA等様々な手法が存在するが、M-GTAでは分析の際に分析ワークシートを用いたり、概念の関係を示す関連図を作成したりすることが特徴となっている。

7．まとめ　エビデンス・レベルを踏まえた教育実践研究

教育実践や教育実践研究の成果を検討する際に、エビデンス・レベルを踏まえる必要がある。このことにより、研究成果の到達度と限界を明確にできる。

(1)　実践成果の有効性の判断における客観性の担保

本論で検討したように、教育実践の有効性や調査結果に差があるかどうかを検討する際は、実践者の主観的な印象評価ではなく、科学的な手法による客観的な根拠が求められる。そのことが教育実践報告ではなく、エビデンス・レベル4以上とみなされ、教育実践研究論文とすることができるための根拠となる。

(2)　データの分析

教育実践の有効性を判断するための方法として、エビデンス・レベルに基づいて、数値データとテキストデータそれぞれの分析法を検討してきた。数値データ

の場合、クロス集計表を作成した時は χ^2 検定が適用できることや、二つの群の平均値の違いは t 検定、さらに 3 群以上の平均値の違いは分散分析で検討できることを示した。また、総得点と学習時間や蔵書数、朝食回数との関係は（重）回帰分析で調べられることを示した。加えて教員の自己の資質能力に関する自己評価を実施した際の背後にある要因の存在を因子分析によって検討できるとした。

テキストデータについては、カテゴリーデータをクロス集計表にした場合は、数値データの分析である χ^2 検定が適用できる。さらに着目した用語の出現回数や用語相互の出現状況を共起ネットワーク図に表すことができる。また、文脈に着目した分析方法として、M-GTA があることを示した。

以上のように数値データやテキストデータに関して、様々な分析方法があることを示してきた。

(3)　エビデンス・レベルを踏まえた検証

本稿のねらいは、教育実践の成果を検討する際に、教育実践報告と教育実践研究論文との違いを検討することであった。それらの違いを検討するための視点として、エビデンス・レベルを援用した。エビデンス・レベルを踏まえることで、検証がどのレベルに相当するのかを確認することができる。

このことにより、教育課題を解決するための手立ての有効性と限界を、科学的な根拠を踏まえて論じることができるようになる。

〈注〉
1) 国立情報学研究所の HP、https://cir.nii.ac.jp/、2022 年 6 月　現在

〈引用・参考文献〉

樋口耕一（2020）『社会調査のための計量テキスト分析　内容分析の継承と発展を目指して　第 2 版』、ナカニシヤ出版

平井明代（2012）『教育・心理系研究のためのデータ分析入門』東京図書

石井一成（2011）『ゼロからわかる大学生のためのレポート・論文の書き方』ナツメ社

岩崎久美子(2017)「エビデンスに基づく教育：研究の政策活用を考える」『情報管理』Vol.60、No.1、20-27 頁

木下康仁（2003）『グラウンデッド・セオリー・アプローチの実践　質的研究への誘い』弘文堂

文部科学省（2014）『研究活動における不正行為への対応等に関するガイドライン（平成26年8月26日　文部科学大臣決定)』

清水裕士（2016）「フリーの統計分析ソフト　HAD:機能の紹介と統計学習・教育、研究実践における利用方法の提案」『メディア・情報・コミュニケーション研究』No.1、59-73頁

鈴木久米男（2018A）「データに基づく教育活動・教育実践研究とは　－『エビデンス・レベル』を踏まえたデータの活用－【第1回】学校の教育活動や教育実践研究におけるデータ活用とエビデンス」『SYNAPSE』No.63、39-43頁

鈴木久米男（2018B）「同上シリーズ【第3回】教育活動におけるデータの種類と分析の方法」『SYNAPSE』No.65、46-51頁

鈴木久米男（2019A）「同上シリーズ【第4回】分析1：クロス集計表のχ²検定による分析－性別と教科の好みの関連は－」『SYNAPSE』No.66、49-55頁

鈴木久米男（2019B）「同上シリーズ【第5回】分析2：指導法により達成状況に有意な違いがあるのか　－2つの集団から得られた数値データのt検定による分析－」『SYNAPSE』No.67、48-53頁

鈴木久米男（2019C）同上シリーズ【第6回】分析3：3つ以上の集団の到達状況に有意な違いがあるのか　－3つの集団を対象とした分散分析－」『SYNAPSE』Vol.68、64-71頁

鈴木久米男（2019D）「同上シリーズ【第8回】分析5：定期考査の得点に何が関係しているのか　－回帰分析を用いて（前編）－」『SYNAPSE』No.71、62-67頁

鈴木久米男（2020A）「同上シリーズ【第10回】分析6：複数の調査項目の背景にある潜在因子を明らかにする　－因子分析を用いて（前編）－」『SYNAPSE』No.73、46-57頁

鈴木久米男（2020B）「同上シリーズ【第12回】分析7：自由記述をどのようにまとめるのか－KHコーダーによるテキストデータの見える化－」『SYNAPSE』No.75、52-59頁

鈴木久米男（2020C）「同上シリーズ【第13回】分析8：インタビュー等結果をどのようにまとめるのか　－修正版M-GTAを用いたテキストデータの分析－」『SYNAPSE』No.76、47-55頁

鈴木久米男（2020D）「同上シリーズ【第14回】：教育課題の抽出及び教育実践研究を進めるために」『SYNAPSE』No.77、41-47頁

第6章　深める・究める特別支援教育のカリキュラムマネジメント

田中　謙

　今日の日本の教育行政が「育成すべき資質・能力の三つの柱」（以下、資質・能力）に基づく資質・能力を育成するために2017（平成29）～2019（平成31）年学習指導要領等改訂を通して、カリキュラムマネジメント（以下、CM）推進のための政策・施策を展開している。そのため、学校教育法第一条に規定される各学校は「児童や学校、地域の実態を適切に把握し編成した教育課程に基づき組織的かつ計画的に各学校の教育活動（授業）の質の向上」を目的とし、「教育課程に基づき組織的かつ計画的に各学校の教育活動の質の向上を図っていく」営みであるCMに取り組んでいる[1]。

　CMは「カリキュラムを核に、ヒト・モノ・カネ・情報・時間などの経営資源を投資すること」「計画・実施・評価・改善をつなげること」「教育内容を組織化すること」を通して「学校教育目標の実現を図る営み」であり（天笠 2016、7頁）、「各学校が教育目標を実現化するために、学校内外の諸条件・諸資源を開発・活用しながら、評価を核としたマネジメントサイクルによって、カリキュラム開発と実践を組織的に動態化させる、戦略的かつ課題解決的な組織的営為」（田村 2018、 24頁）であるとされるように、学校が経営目的を達するための戦略としての機能を有する。そのため、特別支援学校においてもCMは「管理者の学校経営のビジョン、リーダーシップが大きく反映」され（城間・佐和田 2019、52頁）、「特別支援学校の教育活動の質的向上を図る上で原動力となる活動」と「位置付け」られている（園山・佐藤・時津 2021、82頁）。

　その一方で特別支援学校のCMに関しては、障害種ごとにマネジメントの特質が異なる可能性が示唆されている。例えば、武富（2018）は、知的障害特別支援学校は「特別な指導領域である『自立活動』が設定されていること」「『知的障害者である児童又は生徒に対する教育を行う特別支援学校の各教科』が設定されていること」「弾力的な運用を可能にするために必要に応じて各教科等を合わせて指導を行うことができること」という教育課程編成の特質から、独自のCMが求め

られていることを指摘している（武富 2018、4 頁）。また田中（2022a）も肢体不自由教育・病弱教育部門併置校においては「準ずる教育課程、知的障害を併せ有する児童生徒の教育課程、自立活動を主とする教育課程と 3 つの課程で教育実践が行われる」ため「教員の専門教科をバランスよく揃えること」が「大きな経営課題」となるため、併置校の特質を生かして「相互補完しながら教科指導の専門性を確保している」特別支援学校の CM 実践例を報告している（田中 2022a、75 頁）。

　そのため、特別支援学校における CM に関しては、管理職の学校経営ビジョンの下、知的障害特別支援教育カリキュラムの独自性を踏まえたカリキュラム開発を学校経営に位置付け、実践を推し進めることが肝要になると考えられる。そこで本章では、知的障害特別支援学校における CM 実践の現状を 2 校の事例から検討するとともに、その実践における知見から今後深める・究める CM に取組む上での示唆を得ることを目的とする。

1．A 都道府県立 B 特別支援学校の実践事例

(1)　B 特別支援学校の概況

　A 都道府県立 B 特別支援学校（以下、B 校）は 201X 年に開校された特別支援学校である。同校は元々A 都道府県の別の基礎自治体に所在する知的障害特別支援学校であったが、2000 年代に現所在地に移転され、さらに 201X 年他の特別支援学校の分教室が改編設置され、現在の知的障害教育部門と医療機関内の病弱教育部門（分教室）を有する学校として整備された歴史を有する。B 校が所在する地域は B 校の所在する基礎自治体北部の境界に位置し、同都道府県内の他 2 基礎自治体に隣接している。この地域は主として住居専用地域に指定されており、住宅街となっている。

　B 校学則によれば、B 校は「教育基本法及び学校教育法等の法令に基づき、児童・生徒一人一人の人権を尊重し、障害による学習上、生活上の困難を改善・克服し、豊かな人間形成を図ると共に、自立と社会参加を目指し、必要な知識・技能・態度及び習慣を養うこと」を目的とし、目指す学校像を「児童・生徒一人一人の人権を尊重し、個に応じた教育を推進する学校」と定めている。また目指す児童・生徒像は「人と自分を尊重し、人間関係を築く力を備えた人」「自ら学び、

考え、表現する力を備えた人」「生きることの喜びや大切さを知り、生活を豊かにする力を兼ね備えた人」である。

　その中で、B 校の学校教育目標は「児童・生徒の障害や病気、個性に応じた専門的な教育を推進し、自分をはじめとする人の心とからだを大切にする態度を養い、豊かな人間形成を図ると共に、自立と社会参加を目指し、必要な知識・技能・態度を習得し、社会に貢献する人間を育成する」、『『教学相長』を校訓とし、児童・生徒 と教師が共に学び合い、一人一人の人権を大切にした教育を進め、互いに成長していく学校を目指す」と定められている。202X 年度学校経営計画では「目指す学校」像を「児童・生徒一人一人に応じた自立と社会参加を目指し、下記に掲げる学校像を構築していく」とし、①「児童・生徒一人一人が安心して笑顔で通うことができる安全で明るい学校」である「セイフティ・スクール（人権第一、事故ゼロ）」、②「児童・生徒一人一人の教育的ニーズに応じた専門的な教育を推進する学校」である「スペシャリティ・スクール（知的障害教育、病弱教育の専門性の発揮）」、③「児童・生徒一人一人の豊かな生活に寄与する情報化を推進する学校」である「スマート・スクール（ICT の積極的な活用）」が掲げられている。

　B 校には知的障害教育部門には小学部、中学部、高等部普通科、病弱教育部門には小学部、中学部が設置されており、202X 年度（5月）知的障害教育部門には、小学部 27 学級 120 名、中学部は 16 学級 80 名、高等部は 21 学級 128 名の児童生徒が在籍している。知的障害教育部門の教職員は副校長 2 名、主幹教諭 5 名、主任教諭 48 名、教諭 69 名、養護教諭 2 名、非常勤教諭 7 名の他、副校長マネジメント支援員 1 名等で構成されている。

　この知的障害教育部門の教育目標は、「児童・生徒の障害による学習上、生活上の困難を改善・克服し、豊かな人間形成を図ると共に、自立と社会参加を目指し、必要な知識・技能・態度及び習慣を養うために、次の目標と基本方針を掲げる」とされ、「健康な心と体を育てる」「基本的な生活習慣の確立を目指し、生活する力を育てる」「自分自身の個性を理解し、意思や感情を表現することを通して人と関わる力を育てる」「基礎的な知識・技能・態度を身に付け、自ら学び、考え判断し、行動する力を育てる」「自分の役割を果たすことや働くことへの喜びや意欲を育てる」の 5 つが示されている。また「学校の教育目標を達成するための基本方針」は 13 項目が定められており、特に教育課程に関連するものとしては「学習

指導要領、東京都教育委員会の教育目標その他関係する法令等に基づき適正な教育課程を編成・実施する」「生徒が、就学時から卒業後まで健康かつ安全で豊かな学校生活、地域生活を送るために、学校生活支援シート（個別の教育支援計画）に基づき、保護者及び関係する各機関との連携を図り、学校卒業後まで、長期的な視点に立った支援を行う」「生徒の実態を的確に把握して個別指導計画を作成し、指導を行う。また、学習の状況等を適宜評価し、年間指導計画等との連動を図りながら指導内容や指導方法の改善に努める」「キャリア教育及び個に応じた教育を、保護者、専門家、関係機関との連携のもと推進する。教職員はそのために授業力及び専門性の向上に努め、教職員一人年に1回以上の研究授業を実施する」「全体計画のもと各学年、発達段階に応じた一貫性あるキャリア教育に取り組み、働くことの意義、喜びや厳しさを知り、主体的に進路を選択する教育を推進する」「障害特性に応じた教育を推進する。特に高等部では、職業生活を送るための基礎的・基本的な知識・技能に関する学習を実態に応じて進めるため類型化を推進するとともに、就業体験や現場実習の機会等を通して働くことの意義や喜びを学べるようにする」「東京2020オリンピック・パラリンピック競技大会の開催に向けて、児童・生徒の理解啓発及び興味・関心を喚起する学習活動を工夫し、年間35時間程度の学習を実施する。また、生涯学習につなげることを意図して、体育的活動や芸術的活動の充実を図る」が定められている。

(2)　B校の教育課程

　B校の知的障害教育部門校務分掌組織は、教務部、研究・研修部、情報管理部、生活指導部、進路指導部、支援部と11の委員会（その他両部門共通委員会5委員会設置）で構成されており、教務部が主として教育課程管理を所掌事項としている。またB校では小学部、中学部は「知的障害教育課程」「自閉症教育課程」「重度・重複教育課程」の3つの教育課程が編成され、高等部は「普通学級」「重度・重複学級」が設置されている。

　その上で教科・領域等として、小学部は「国語」「算数」「生活」「音楽」「図画工作」「体育」「道徳科」「外国語活動」「特別活動(学級活動)」「自立活動」、中学部は「国語」「社会」「数学」「理科」「音楽」「美術」「保健体育」「職業・家庭」「外国語(英語)」「道徳科」「総合的な学習の時間」「特別活動(学級活動)」「自立活動」、

高等部は「国語」「社会」「数学」「理科」「音楽」「美術」「保健体育」「職業」「家庭」「外国語(英語)」「情報」「道徳科・道徳」「総合的な探究の時間」「特別活動(ホームルーム活動)」「自立活動」を置くとされている。

(3)　B校におけるCMの現状と課題

　B校のCMの現状に関して、C副校長(知的障害教育部門中学部・高等部担当)は、B校では校長、副校長による経営会議の中でCMのポイントの洗い出しを行い、二学期中の次年度予算編成に向け経営企画を立てている。その内容の趣旨は「見える化」を企図して、教員へ伝達される。202X年度の経営方針では「3S」とされる「Safety(セーフティ:安心・安全)」「Specialty(スペシャリティ)」「Smart(スマート)」が方針として立てられている。また、B校では「教育課程の見直し・検討(新学習指導要領への対応、行事の精選等)」を掌る校長、副校長、教務主幹、各学部教務担当教員からなる教育課程検討委員会、また教務主幹と教員等で構成される「学籍・調査統計、教育課程管理、教育実習、教科書、儀式、学校評価、的学校環境整備、個人情報の保護・管理」等を掌る教務部会会議も月1回程度開催され開催されているものの、いずれもCMについて議論する上では「単位が大きい」ため、これらの組織は所管の業務を「ルーティンワーク」する役割が大きいという。またカリキュラム関連の情報は主幹教諭で構成される主幹会議でも収集され、検討されている。

　これらの組織等で集約されたCMに係る情報等は「校長の補助機関として、校長の学校運営方針に基づき、学園全体、本校、分教室の業務に関する企画立案及び連絡調整、各分掌組織聞の連絡調整、連絡会における議題の整理、その他校長が必要と認める事項を行い、円滑かつ効果的な学校運営を推進する」ことを目的とする企画調整会議で検討される。企画調整会議は知的障害教育部門と病弱教育部門合同の全校企画調整会議と、知的障害教育部門による本校企画調整会議、病弱教育部門による分教室企画調整会議とがあり、全校企画調整会議定例会は「原則として年3回開催」、本校及び分教室企画調整会議定例会は「原則として毎週1回開催」される。各企画調整会議の構成員は校長、副校長、経営企画室長、主幹教諭、学部主任、保健主任、教務主任であり、この各企画調整会議での検討を基に校長がCMを含めた学校経営方針を定め、同時に予算調整会議等での予算編成

にも反映されるという。

　さらに、B校には教科主任を中心に「各教科における指導の目標、方針の共有及び授業進度の調整並びに教科指導に関する人材育成を円滑に進める体制を確保する」ことを目的に、校務分掌組織の一つとして教科会が設置されている。教科会の所掌事項は「教科別の具体的な学習目標の策定及び検証に関すること」「『年間授業計画』に関すること」「授業の進度や指導内容の確認に関すること」「学習評価に関すること」「教科書選定に関すること」「組織的な教科指導において、校長が特に必要と認めること」「教科指導力の向上に必要なOJTに関すること」であり、構成員は同一教科の全ての常勤の教員（教科指導上の必要に応じ非常勤教員を加えることもある）である。教科会は定例的な教科会が年4回以上、年間計画に基づく教科会が年間授業計画策定時（年1回）、次年度予算策定時（年1回）、OJT関係実施時期（年2回）開催されており、各学年や教科で日常的なCM作業が行われる中、教科会で各教科のCMの状況や改善に向けた情報共有等が行われる組織構造となっている。

　B校では現在新学習指導要領を年次で導入する中で、「3つの柱」に基づく、見直し年間指導計画、個別の指導計画の見直しを行っている最中であるという。その前提の上で、これまでのCMにおける外部資源の活用に関して、B校は所在する基礎自治体内でも郊外立地であり、旧校の移転もあったため、地域とのつながりが希薄という経営課題を抱えてきた。そのため、現状は近隣の公立・私立小学校との交流学習を行う、防災教育推進委員会企画として近隣消防署職員の講話による防災教育を行う、高等部校内実習の際に外部の作業所等関係機関からの支援、指導を受ける等が取組まれている。また、中学部生徒が近隣保育所でボランティア活動を行う、作業所職員による作業体験や高等部3年生への接遇・マナー等を含む面接練習にも取り組んでいる。さらに学校運営連絡協議会や中・高等部生徒の外部実習の際に、学外からB校の教育実践に関する評価を受けている現状にある。

　また、C副校長はB校のCMに関して児童生徒の特別なニーズへの対応に関する課題をあげている。現状B校では障害だけでなく、保護者や児童生徒が精神障害、神経症性障害やそれに類した症状を有するケースが存在し、子どもの実態把握・アセスメント、心理的ケアを行う公認心理師等の外部専門員を活用している。

しかしながら、年々心理士や SSW による支援が必要な児童生徒や家庭が増加傾向にあり、外部専門員のみでの対応は困難である。そのため、現状は担任等の教員がこの業務を担っており、特別支援学校には SSW の配置が進んでいないことが課題の一つであるという。

(4)　卒業後を見据えたカリキュラム開発の視座

　C 副校長は今後 B 校における CM に関して、卒業後の生徒のアフターフォローに係るカリキュラム開発の必要性を指摘している。B 校でも就労後に今までの高等部等での生活との「ギャップ」から就労先や就労後の生活における不適応が生じる等キャリア教育に係る課題が生じており、「ここを埋めること」の必要性を感じている。特に CM に関連して指摘すれば、現状では高等部で十分な教育実践ができていたのかを見直している。C 副校長によれば例えば自立活動における生徒のレジリエンスを高めていける実践や、働く意義に関しての指導の見直しを検討したいとしている。しかしながら、高等部 3 年間での授業時数でそれらの実践を完結させるには時数が不足するため、卒業後のフォローアップの必要性も感じているとしている。

　そのため、CM としては、就労先等の外部支援期間との役割分担を考え、学校がすべきことを優先し、高等部 3 年のカリキュラムの中に就労先で用いられている言葉遣い、身だしなみに関するルールを現場実習およびその事前実習の中で取り入れるといった改善に取り組み始めている。また就労先の事業所等の職員や就労支援に携わる福祉機関職員との連携の必要性から、就労先から継続的に情報収集を行うとともに、生徒への接し方に関する学校が実践の中で蓄積してきた情報の提供も行っている。就労先の事業所等の職員への情報提供は実習時の生徒の姿は生徒の一側面に関する情報であるため、就労の継続につながる現場での指導を行っていく上で有益な情報の一つである。このような CM は小学部、中学部から当該児童生徒の教育実践に携わってきた持ち上がりの教員の役割が大きく、B 校高等部では卒業後に向けて育成すべき資質・能力を踏まえた授業内容・方法がカリキュラムに落とし込めているのかを検証する作業に取組み始めている。

　またキャリア教育の中では、生徒の支援希求に係る能力の育成の重要性を C 副校長は指摘している。現状の特別支援学校におけるキャリア教育では、生徒の職

業適性と実際の就労先の選択肢の少なさから生じるギャップや就労後に支援希求をする際の希求先の限定性があることは否定できないとしている。そのため、C副校長は「学校では先生に支援を求められるが、社会ではどこに支援を求められるのか」と学校と卒業後の環境変化を指摘し、基礎自治体での「障害者就労支援事業」や「障害者就業・生活支援センター事業」等社会の中に存在する資源とつながるための教育の必要性を述べている。

　以上のように、B校におけるCMに係る取り組みは、まだ十分な成果を示す段階にはなく、その過程にあるということができる。しかしながら、高等部での現場実習の際の就労体験と実際の就労先での業務との「ギャップ」が生じる等、実践上の課題は小さくないため、CMを通して授業内容・方法の改善に取組んでいるのが実情であると考えられる。C副校長は特別支援学校と就労先とのつながりは移行支援期間に限定されるものではなく、より長期的なつながりを生み出すシステムが必要であるとしている。しかしながら、現状では特別支援学校の進路指導担当の教員によるアフターフォローは限界であり、ジョブコーチ等を更に活用した就労先の企業等と特別支援学校との連携は不可欠である。そのような特別支援学校卒業後も見通したキャリア教育に関するカリキュラム開発をどこが担って編成していくのかが重要であるとC副校長は指摘している。この点はまさに、社会に開かれた教育課程を学校と社会とで協働して編成していくことの必要性を指摘しているといえよう。

２．A都道府県立D特別支援学校の実践事例
(1)　D特別支援学校の概況

　A都道府県立D特別支援学校（以下、D校）は201X年に創設され、201X＋1年4月（本調査202X年4月で9年目）に開校された特別支援学校である。D校が所在する地域は、A都道府県内においても多くの企業・法人の本社等が所在する商業集積地区である。また交通利便性も高いため宅地開発も進められている地域である。そのため、昼夜間人口比、老年人口比率が高い地域となっている。

　その中で、D校は「児童・生徒一人一人の人権を尊重し、個々の障害の特性に応じた教育を推進するとともに、豊かな人間性や社会性を育み、自立し社会参加できる児童・生徒を育成する」こと、そのため「健康で豊かな心と体を育てる」

「コミュニケーションの基礎的能力を伸ばし、仲間を思いやりともに活動する力を育てる」「社会生活に必要な基礎的知識・技能を培い、働く意欲や態度を育てる」ことを学校教育目標に定めている知的障害特別支援学校である。D校の目指す学校像は「一人一人の教育的ニーズに応じた教育を推進し、地域と共に歩む学校」であり、その下位に「個に応じた教育を推進する学校」「専門性の向上を目指す学校」「特別支援教育のセンター的役割を果たす学校」「安全で安心して過ごすことができる学校」「保護者との連携を大切にする学校」「地域社会との信頼関係を高める学校」が位置付けられている。また、目指す児童生徒像は「コミュニケーション力、社会性」「人間性、道徳心」「主体性、積極性、自己肯定感」「基礎・基本的な力の習得、生涯学習」である。

　D校には小学部及び中学部が設置されており、202X年度（5月）は小学部22学級97名、中学部11学級48名の児童生徒が在籍している。教職員は校長、副校長、主幹教諭5名、指導教諭1名、主任教諭16名、教諭28名、養護教諭2名、非常勤教諭2名の他、経営企画室長や非常勤看護師等で構成されている。小学部及び中学部の教育目標及び教育目標を達成するための基本方針は表1の通りである。

表1　D校小学部及び中学部教育目標・教育目標を達成するための基本方針

	小学部	中学部
教育目標	・生活のリズムを整え、情緒の安定と基礎体力の定着を図り、健康な心と体をつくる。 ・自分の気持ちを表現する力を身に付け、まわりの人と一緒に活動できる力を育てる。 ・自分のことは自分でする習慣を身に付け、自分の役割を意欲的に果たそうとする態度を育てる。	・生活のリズムを確立し、心理的安定と体力の向上を図り、自立的な生活を営むことができる健康な心と体をつくる。 ・自分の気持ちを適切に表現でき、まわりの人と自分とを大切にしながら、共に活動できる力を育てる。 ・基本的な生活能力や生活習慣を身に付け、他の人のために自分の役割を果たそうとする意欲、態度、技能を育てる。
基本方針	・知的障害教育における3つの教育課程（知的障害、自閉症、重度・重複学級）を編成し、児童・生徒の障害の特性に応じた教育の充実を図る。 ・外部の専門家や保護者と連携して、児童の実態を的確に把握し、できる（こと）を大切にした授業	・知的障害教育における3つの教育課程（知的障害、自閉症、重度・重複学級）を編成し児童・生徒の障害の特性に応じた教育の充実を図る。 ・外部の専門家や保護者と連携して、生徒の実態を的確に把握し、できる（こと）を大切にした授業作りと個別指導計画に基づく指導の充実を図る。

	作りと個別指導計画に基づく指導の充実を図る。 ・小学部から中学部までの一貫したキャリア教育を推進し、家庭生活や職業生活に必要な基礎的な知識と技能の習得を図る。 ・保護者と連携して学校生活支援シート（個別の教育支援計画）を作成し、将来の自立と社会参加に向けた支援の充実を図る。 ・教育活動全体を通して児童の安全・防災意識を高める指導の充実を図る。 ・地域の社会的資源を活用した教育活動を通して、実践的・体験的な学習の充実を図る。	・小学部から中学部までの一貫したキャリア教育を推進し、家庭生活や職業生活に必要な基礎的な知識と技能の習得を図る。 ・保護者と連携して学校生活支援シート（個別の教育支援計画）を作成し、将来の自立と社会参加に向けた支援の充実を図る。 ・教育活動全体を通して生徒の安全・防災意識を高める指導の充実を図る。 ・地域の社会的資源を活用した教育活動を通して、実践的・体験的な学習の充実を図る。

(2) D 校の教育課程

　D 校の校務分掌組織は教務部、全校行事部、生活指導部、保健給食部、進路指導部、相談支援部、研究研修部各部と 15 の委員会で構成されており、教務部が主として教育課程管理を所掌事項としている。また D 校では小・中学部とも「知的障害教育課程」「自閉症教育課程」「重度・重複教育課程」の 3 つの教育課程が編成されている。その上で教科・領域等として、「国語」「算数・数学」「音楽」「図画工作・美術」「保健体育」「道徳」「特別活動」「自立活動」「日常生活の指導」「生活単元学習」「作業学習」「遊びの指導」「社会性の学習」「総合的な学習の時間」を置くとされている。D 校の 202X 年度（5 月）3 課程別の学級数は表 2 の通りとなっている。

表 2　課程別学級数

学部	小学部							中学部				合計
学年	1	2	3	4	5	6	計	1	2	3	計	
普通学級	3	1	3	4	3	3	17	3	2	3	8	25
自閉症学級	0	0	0	0	0	0	0	0	1	0	1	1
重度・重複学級	2	1	1	0	0	1	5	0	2	0	2	7
計	5	2	4	4	3	4	22	3	5	3	11	33

(3)　D 校における CM の現状と課題

　D 校の CM の現状に関して、E 主幹教諭は CM における「各教科等の教育内容を相互の関係で捉え、学校教育目標を踏まえた教科等横断的な視点で、その目標の達成に必要な教育の内容を組織的に配列していくこと」に関しては、知的障害特別支援学校では「教科・領域等を併せた指導を行ってきた経緯」があるとしている。そのため、CM が「新しい視点であるかどうか」という点に関しては「疑問」であるとし、従来の「知的障害教育で培ってきた部分」であるととらえている。つまり E 主幹教諭は CM に関しては、すでに知的障害特別支援学校は「ノウハウ」はあると評価しており、その「ノウハウを活かしながら個別指導計画等の連関性をよりよくしていく視座」と「単元整備をしていくこと」を重要視しており、それにより「今までの実践をより充実させる」ことが CM の意義であるとしている。

　従って D 校の現状においては CM を「個別の指導計画や教育課程にどう落とし込む」か、「組み込んでいくか」を実践上の課題として設置しているという。そのため、D 校では教員には CM に係る活動を通して CM への意識を高めるため、組織として後述の「マンダラ」等に取組んでいる。また 202X 年度は新型コロナウイルス感染症（COVID-19）への対応に係る実践として、日常生活の指導の中で「手洗いや給食指導に尽力している」のが現状であるという。

　CM における「教育内容と、教育活動に必要な人的・物的資源等を、地域等の外部の資源も含めて活用しながら効果的に組み合わせること」に関しては、新型コロナウイルス感染症流行以前は小学部では D 校が所在する基礎自治体の市民サークルによる読み聞かせ活動や A 都道府県立高等学校ブラスバンド部による演奏鑑賞、中学部では基礎自治体立コミュニケーションセンターでの高齢者との交流活動、地域菓子製造メーカーでの実習等に取組んできた。また図書ボランティア学校図書館整備や、地域企業によるタブレット端末寄贈を受けた ICT 教育環境整備等に取組んできた。

　その一方で D 主幹教諭は次の 4 点の課題を指摘している。一点目は、D 校の学校規模、教職員数を考えると「カリキュラムを全面的に組み替えていくのは難しい」「一学校でのカリキュラムマネジメントは負担も大きい」と CM を行うための組織体力に関する課題を指摘している。さらにこの点に関連して、自閉症教育

課程の CM もあげられる。D 校では中学部 1 学級の自閉症学級が設置されており、この学級のみ自閉症教育課程が編成されている。D 校中学部では自閉症教育課程に基づき、学部教員全員で自閉症に対応した、一人ひとりに応じた教育実践に取組んでいる。この自閉症教育課程に関して、E 主幹教諭は知的障害教育課程に比して同課程は単元の組み方を工夫し、「安定性と自発性」を重視した教育課程編成が重要ではないかと指摘し、知的障害教育課程とは異なる CM の必要性を指摘している。D 校では知的障害教育課程のみならず、自閉症教育課程、重度・重複教育課程の 3 つの教育課程の CM に組織として取り組むことが必要であり、この教育課程の違いに伴う CM の違いも取組む上での課題となっている。

　二点目は、CM は学校経営計画と密接に関連しており、校長の経営方針の影響が大きい中で、校長が変わると学校経営方針が変わる可能性があり、CM の一貫性の担保が困難であるという点である。A 都道府県立特別支援学校の校長は約 3～4 年程度で異動するケースが多いものの、3～4 年サイクルでカリキュラムを変更することは小学部、中学部併せて 9 年間の一貫したカリキュラムのデザインが求められる D 校において現実的ではないという。そのため、学校経営方針との連関性を校長の異動が生じる中でどのように担保していくのかが課題となっている。

　三点目は CM に係る時間資源の投資の難しさである。D 校では小学部、中学部とも会議時間は一人一日 25 分程度しか取れず、その時間ですべての会議をマネジメントしていくと、CM に係る会議に充てる時間の確保が難しいという。E 主幹教諭は教員から正直な意見が出て、協議することが CM の第一歩であるとしており、CM に投資する時間をどのように創り出すのかが課題となっている。

　四点目は CM に係る行政政策・施策である。E 主幹教諭は一例として A 都道府県では新学習指導要領に合わせ、行政が示す指導要録のフォーマットが変わったとし、教科・領域等を併せた指導の記入欄がない等、現場の実情と異なる点があるとしている。E 主幹教諭は CM に関しては全教科・領域一斉にやることは難しく、それに取組むためには行政による環境整備が必要であると指摘する。そのためには特別支援学校で CM に取組むためのシステム構築に時間をかける必要があるのではないかと指摘し、モデルやパイロット事業の成果に基づく参考事例を示すことが有効ではないかと述べている。

(4)　D校におけるCMを推し進めるための「マンダラ」（マンダラート）

　D校では上記の課題がある中で、まず「生活単元学習、作業学習では、何が活かせるか、広げられるのか」という視点で、子どもができること、教員等が支援して取り組みたいことを単元に組み込んでいくことをステップとしたCMに取組んでいるという。そのため、教員のCMへの理解を深めるために202X－1年度から校内研究会で「マンダラ」（マンダラート）に取組んだ。

　マンダラートとは先行研究等により定義に違いがみられるものの、縦横3×3マスの枠の中央にキーワードを設定し、周囲8マスに中央のキーワードから連想した内容を記して思考を広げていくためのツールである。マンダラートは「枠組み（フレーム）という制約」を設定することで「その制約の力を使って連想を掘り下げる」ことが可能になるとされ（吉田 2015、54頁）、学校経営においても「PDCA」マネジメントのフレームとして有用性が示されている（大谷 2019、22頁）。特別支援教育領域においても、発達障害児に対する支援方法を検討するフレームとして西村・越智（2019）や西村（2022）で報告がなされており、「氷山モデルの理念に沿って背景や原因を考える中で子どもの実態や特性を理解」することで「合理的な支援方法を見つけること」が可能になることを指摘している（西村・越智 2019、8頁）。

国語	算数	音楽
○購入する商品の名前を覚える ○講習する商品の名前ひらがなで書く	○購入する商品の個数を数える ○支払う金額を計算する ○支払金額に合わせて財布から貨幣を用意する	○スーパーマーケットの店内BGMをイメージする ○スーパーマーケットの店内BGMを歌う
図画工作	生活単元学習	体育
○購入する商品の色や形をイメージする ○スーパーマーケットでの買い物の様子を絵に描く	単元（題材）名：「○○スーパーで買い物をしよう」 ねらい（目標）： ①スーパーマーケットで見通しをもって買い物をすることができる。 ②購入する商品をメモ用紙に書き、メモ用紙を見て商品を選ぶことができる。 ③スーパーマーケット店員の方へのあいさつややり取りが適切にできる。	○店内では「買い物ルール」を守る ○力を調整しながら、購入する商品をとる
自立活動	外国語活動	道徳
○スーパーマーケット店員の方を意識する。 ○スーパーマーケット内での商品の配置場所を知る。 ○スーパーマーケット店員の方に商品の陳列位置を尋ねる。	○購入する商品の「英語」での名称を知る ○購入する商品の「英語」での名称を発音する ○スーパーマーケット店員の方に英語であいさつする	○レジに並び順番を待つ ○スーパーマーケット店員の方に尋ねた際に感謝を述べる

図1　D校が研修内で作成したマンダラート例（イメージ）

図1は、D校のマンダラートのイメージ図である。このマンダラートは生活単元学習での実際の単元（題材）を基に、生活単元学習での授業実践が他の教科・領域等の実践とどのように関わっているのかを校内研究会に参加した教員一人ひとりが考えるものである。各自でマンダラートを作成することで教科・領域等横断的な視点での指導の際の内容等のつながりを検討することができるとともに、教員間での討議を通じて個々の教員のイメージする教科・領域等横断的な視点での指導について理解を深めることにもつながるものである。

　このようなD校におけるCMを推し進めるための「マンダラート」の取組みは、学校種や学年等を問わず教科・領域等横断的な視点での指導を検討し、その視野を広げるための教師教育に応用可能な研究・研修方法の一つであると考えられる。

3．まとめ

　本章では知的障害特別支援学校2校におけるCM実践の現状を検討した。その結果、2校ともに「知的障害教育課程」「自閉症教育課程」「重度・重複教育課程」と3つの基本となる教育課程を編成して、児童生徒一人ひとりや学級ごとに発達や特性に応じた教育実践を行うためにCMを行っているということができる。また、卒業後を見据えたカリキュラム開発を志向して取組みを開始したり、外部資源の開発・活用にも取組んだりしていること等CMの構成要素が複数確認でき、一人ひとりのニーズに応じた特別支援教育を推進する上で、特別支援学校ではCMに取組んでいることが確認できる。これらの取組みは、各教科等を担当する個々の教員や学級、学年、教科等の各担当教員間（TT）で日常的に行われてきた取組みであり、特別支援学校において、CMは決して「目新しい」学校経営戦略ではないことがうかがわれた。

　その一方で個々の教員や教員間で日常的にCMに係る取組みがなされてきた背景を有するため、学校組織としてCMに取組む組織体制整備や外部関連機関とのカリキュラム開発等を行うための連携体制の構築は、立ち遅れている可能性がうかがわれた。また各教員のCMを深める・究める意識の醸成が一つの経営課題となっている可能性もある。そのため、D校では校内研究会で「マンダラ」（マンダラート）を導入して、組織的に教員の意識を向上させる施策を展開する等新たな取組みを始めており、CMを深める・究める過程の中にいるといえるであろう。

特別支援学校における CM は本事例からはまだ取組み途上にあるといえるが、学校組織単位や外部機関と連携した取り組みを推し進める上で有意義な知見を有しており、今後さらに研究の進展が望まれる課題であるといえるだろう。

〈注〉

1) 文部科学省 Web サイト「カリキュラム・マネジメントとは」（2022 年 1 月 12 日閲覧）https://www.mext.go.jp/content/1421692_5.pdf

〈引用・参考文献〉

天笠茂編（2016）「次期教育課程で求められるカリキュラム・マネジメントとは」日本教育評価研究会『指導と評価』62(10)、6-8 頁

西村健一・越智早智（2019）「発達障害の示す問題行動の支援につなげる新ワークショップ型研修の研究」『島根県立大学松江キャンパス研究紀要』(58)、1-9 頁

西村健一（2022）「小学校の校内委員会におけるアイディア発想法の導入による新運営方法の検討」　特別支援教育実践研究学会『特別支援教育実践研究』(2)、38-49 頁）

大谷俊彦（2019）「『学校経営マンダラート』の内容と活用」『「学校経営マンダラート」で創る新しいカリキュラム・マネジメント』ぎょうせい、22-59 頁

城間園子・佐和田聡（2019）「知的障害教育におけるカリキュラム・マネジメントの一考察―沖縄県知的障害教育特別支援学校の教育課程の編成と授業づくりに着目して―」『琉球大学大学院教育学研究科高度教職実践専攻紀要』3、45-55 頁

園山繁樹・佐藤久美・時津啓（2021）「知的障害特別支援学校のカリキュラム・マネジメントに関する一考察」『島根県立大学・島根県立大学短期大学部教職センター年報』(2)、82-96 頁

武富博文（2018）「特別支援教育におけるカリキュラム・マネジメント」全日本特別支援教育研究連盟編『特別支援教育研究』726、2-5 頁

田村知子（2018）「カリキュラム・マネジメント研究の進展と今後の課題」日本教育経営学会編著『教育経営学の研究動向』学文社、24-35 頁

田中謙（2022a）「肢体不自由・病弱併置特別支援学校におけるカリキュラムマネジメントの現状―訪問教育及び病院内分教室に係るカリキュラムマネジメントも踏まえて―」『現代教育改革の理念と実践に関する研究―日本大学文理学部人文科学研究所共同研究（第四

次報告書）—』69-76 頁

田中謙（2022b）「知的障害特別支援学校高等部専門学科におけるカリキュラムマネジメントに関する学校管理者・経営者の意識」『現代教育改革の理念と実践に関する研究—日本大学文理学部人文科学研究所共同研究（第四次報告書）—』61-68 頁

吉田寛（2015）「アイディアを生み出すメモメソッド」『超メモ術—ヒットを生み出す 7 つの習慣とメソッド—』玄光社 MOOK、42-69 頁

第7章　深める・究める安全教育

　学校において、児童生徒の安全で安心な環境を確保することは極めて重要なことである。国は、安全確保に向けた具体的な取組が行われるよう、様々な施策を推進している。その中核となるのが学校安全で、「児童生徒等が自ら安全に行動し、他の人や社会の安全に貢献できる資質・能力を育成するとともに、児童生徒等の安全を確保するための環境を整えること」を目的としている。学校安全の活動（「生活安全」、「交通安全」、「災害安全」の3領域）は、安全教育と安全管理、そして両者の活動を円滑に進めるための組織活動から構成され、その際に、安全教育と安全管理は両輪とされ、相互に関連付けて組織的に行うことが必要とされている（文部科学省 2019）。

　しかしながら、児童生徒等が被害となる事件・事故等は後を絶たない。独立行政法人日本スポーツ振興センター『学校の管理下の災害』によると、2016 年から 2020 年度までの5年間の「学校の管理下の死亡の発生件数（給付対象事例）」は、47 件、57 件、74 件、56 件、44 件と推移している。また、「学校の管理下の障害の発生件数（給付対象事例）」は、388 件、398 件、403 件、363 件、393 件となっており [1]、いまだ児童生徒の安全が十分に確保されているとは言い難い。こうした状況に対し、事故防止の留意点として「毎年のように起きる事故には同様の傾向がある」ことが指摘され、これまでの事故事例からの学びの重要性が強調されている（独立行政法人日本スポーツ振興センター 2021）。さらに、近年、地震や豪雨等、自然災害における状況の変化や、犯罪等の社会的な情勢の変化に加え、スマートフォンの利用トラブルなど新たな課題が次々と顕在化している。

　このような中、今学校現場では、安全教育と安全管理を両輪とした学校安全をどのように展開していくか喫緊の課題となっている。そこで、本章では、深める・究める安全教育として、どのような視点で改善していくのか明らかにし、その視点を踏まえた、安全教育の教材開発および授業構想を検討する。

1．深める・究める安全教育の視点

　ここでは、『学校の管理下の災害』に示される事故発生の傾向や、2022 年 3 月の「第 3 次学校安全の推進に関する計画」（文部科学省、以下「第 3 次計画」）における提言、研究者のこれまでの指摘をもとに、深める・究める安全教育の視点を明らかにする。

(1)　事故発生の傾向からみる深める・究める安全教育の視点

　『学校の管理下の災害［令和 3 年］』では、各校種ごとに死亡および障害の事故事例を取り上げ、学校で日頃留意すべき点について解説している。この中の中学校編では、類似した事故が繰り返される傾向について、「毎年のことであるが、中学生の事故原因として数多くみられるのが、悪ふざけやけんかである。安全指導とともに適切な生徒指導も不可欠である」と指摘している（渡邉正樹 2021）。

　そこで、2020（令和 2）年度の全障害事例 393 件（小学校 76 件、中学校 139 件、高等学校等 164 件、特別支援学校 3 件、幼稚園等 11 件）の発生状況の中から、児童生徒間で起きる加害事故について検討すると、ふざけ合いによる事故、けんかやトラブル、乱暴な行動による事故、不注意で出会い頭にぶつかる事故、周囲に配慮せずに振り回した物が当たる事故などの要因が確認できた。具体的には、小学校では 29 件（約 38%）、中学校では 36 件（約 27%）、高校では 13 件（約 8%）、特別支援学校 0 件、幼稚園等 1 件（9%）であった[2]。

　加害行為について、「学校保健法等の一部を改正する法律の公布について（通知）」（20 文科ス第 522 号平成 20 年 7 月 9 日付）では、「いじめや暴力行為など児童生徒等同士による傷害行為も含まれる…基本的には生徒指導の観点から取り組まれるべき事項…安全を確保する必要があるような場合には、学校安全の観点から本法の対象となる」と言及している。ここでは、これまでの課題の一つである類似した事故が繰り返し起こることをどう防止するのか、特に予防教育として悪ふざけやけんか、周囲に配慮せず不注意で起こる事故など児童生徒間での加害事故をどのように防止するのか、深める・究める安全教育の視点の一つと捉えた。

(2)　国の施策からみる深める・究める安全教育の視点

　「第 2 次学校安全の推進に関する計画」（文部科学省　2017）以来の策定となっ

た「第 3 次計画」では、施策の具体的な方向性の一つに、実践的・実効的な安全教育の推進を掲げ、目指す姿として、全ての児童生徒等が「自ら適切に判断し、主体的に行動できる」という文言を加えている。そして、推進の方策として、安全教育に関しては、「児童生徒等が自ら危険を予測し、回避する能力を育成する安全教育の充実、指導時間の確保」「地域の災害リスクを踏まえた実践的な防災教育の充実」「幼児期、特別支援学校における安全教育の好事例等の収集・発信」等をあげている。また、これらの能力の育成を目指した「教育手法の改善」を図ることや、「現代的課題への対応」として、SNS に関する安全教育や、生命（いのち）の安全教育の一層の推進を図ることを求めている。ここでの SNS に関する安全教育は、被害防止教育を中心としているが、実際には、児童生徒が加害者となる事案が問題となっている。先述した加害事故防止に関しては、SNS に起因する加害の視点を取り入れることも重要であると考える。そして、ここでは危険を予測し回避する能力の育成を深める・究める安全教育の視点の一つと捉えた。

(3)　安全教育に関する研究からみる深める・究める安全教育の視点

　このような事故発生の傾向や提言に関連して、安全教育研究では以下のような指摘があげられる。藤井・松岡ら（2002）は、従来の被害者の立場から見る安全能力論だけでなく加害者にならないための教育を重視する必要性を説いている。そして、「脱被害、脱加害から見た安全能力論」や「事故責任の重さの認識から見た安全能力論」など新しい視点で 7 つの安全能力論を提唱している。ここでいう責任の重さの認識とは、「事故の怖さと責任の重さを強く認識させることにより、事故は決して起こさないという強い信念を持つ人間を養うことができる」という考えの能力論である。責任論については、家田（2001）は、被害者に対する責任の一つである損害賠償責任を教える必要性を説いている。しかし、学校事故は、児童生徒だけでなく、教師の管理責任が大きく関わっている。安全教育と安全管理は両輪とされるなかで、教師の安全管理の責務およびその具体的取組を、児童生徒に認識させることも、事故防止のためには重要であると考える。なお、「中学校学習指導要領（平成 29 年告示）解説　保健体育編」（2017）には、「自転車事故を起こすことによる加害責任についても触れるようにする」ことが示されている。また、藤井・苅間ら（2007）は、「危険予知能力」「安全維持能力」「事故対

応能力」の三要素を上位概念とした「安全能力」の概念と構造を定義している。

　児童生徒自らが危険を予測し回避する能力を育成する授業開発については多くの研究が散見する。関根・富岡ら（2006）は、危険予測訓練を取り入れた5段階の学習過程の工夫や、短時間での安全指導プログラムを提唱している。柿原・高原ら（2007）は、危険予測、回避の力を育てる教材開発を試みている。原・渡邉ら（2009）は、「知識を習得させ、学んだ選択肢の中から答えを導き出すような「思考・判断」を生かす教育」の必要性を提唱している。

　さらに、村越（2017）は、教育効果、安全教育の構造、学校文化の視点から現在の安全教育の課題を指摘している。具体的には「主体的な思考を養う教育方法が十分に採られていないこと」や「基礎的な学習と実践的な意志決定や行動が一体的に養われない可能性」、また、同種の事故が繰り返し発生することに関連して、「学校教育におけるリスク意識の鈍さと学校文化とリスクの持つ特性の齟齬」をあげている。

　これらの研究における指摘から、危険を予測し回避する能力の育成のための授業改善として、教材開発や学習過程の工夫などを深める・究める安全教育の視点の一つとする。また、被害事故だけでなく、児童生徒間での加害事故の防止に関連して、児童生徒および教師の責任を認識させることも視点の一つとする。

(4)　深める・究める安全教育の視点と教科書記述

　以上、学校では類似した事故が繰り返される現状を踏まえ、以下の3点を深める・究める安全教育の視点と捉える。

---

① 被害だけでなく児童生徒間で起きる加害事故をどのように防止するのか。
② 事故に関する児童生徒および教師の責任をどのように認識させるのか。
③ ①②に関連し、危険を予測し回避する能力の育成のために、教材開発や学習過程の工夫など授業改善を図る。

　安全に関する指導は、教科等横断的な視点で学校における教育活動全体を通じて行われなければならない [3]。なかでも中心となる教科等の一つが保健体育である。ここでは、上記の深める・究める3つの視点が、実際に安全教育としてどの

ように具現化されているのか、発行されている4社の中学校の教科用図書（以下教科書）の記述（文章や場面絵など）を検討する 4)。

　まず、すべての教科書で、傷害の要因として、人的要因と環境要因について説明している。人的要因としては、心身の状態や安全な行動をとることなど行動の仕方をあげている。その中で、「児童生徒間で起きる加害事故」に関連して、ふざけ合いに関する行動の記述は1社、また、けんかやトラブル、乱暴な行動に関する記述も1社のみであった。さらに不注意でぶつかるなどの行動は、2社記述している。SNSの加害行為に関する記述は、1社のみであった。事故場面としては、全体的に被害となる様々な場面を想定した記述であった。一方、運動やスポーツの場面で、振り回したバットが他人に当たるなど周囲に配慮せずに起きる事故に関しては、4社とも記述していた。

　次に、すべての教科書で、傷害の環境要因として施設や設備の不備な状態などをあげ、人的要因として運動の内容や強度、時間、休憩の取り方などをあげていた。しかし、安全教育と安全管理が両輪とされるなかで、これらを管理する責任が、場合によって学校・教師にあることについてどの教科書にも記述されていなかった。ただ、「加害事故」や「児童生徒の責任」に関連して、自転車事故の生徒自身の損害賠償責任や罰則等に関する事項は、4社とも記述していた。

　「危険を予測し回避する能力の育成」に関連しては、危険予測や回避の認識に関する記述や、場面絵を提示しながら「潜む危険は何か」問いかけ、危険を予測し回避するための思考を促す活動を取り入れている記述は4社であった。

　このように、中学校の保健体育では、教科書記述を通して、危険を予測し回避する能力を育成する安全教育が推進されていることがわかる。しかし、類似した事故が繰り返される傾向である児童生徒間の加害事故の防止や、児童生徒および教師の責任の認識に関する安全教育は十分ではない。児童生徒の命や安全を守るためには、保健体育の時間だけでなく、教科等横断的な視点で、安全教育と生徒指導を組み合わせながら、教育活動全体を通じて行われなければならないと考える。

２．学校事故裁判事例を教材とした生徒指導や安全教育

　深める・究める安全教育の視点である、児童生徒の加害事故の防止やその責任の認識に関連する研究では、蜂須賀（2016）が、学校内外で身近に起こりうる事

故等に関する裁判事例の判決書を教材化し、加害行為の法的意味や最悪の事態、その結果に対する法的責任等を学ぶ法規範教育として、生徒指導に活用する実践的研究に取り組んでいる。それは、民事責任における損害賠償請求で、国家賠償法や民法を根拠とした裁判事例の判決書を対象に、教育的要素を導き出し児童生徒向けの教材として開発する研究である。けんかや暴力行為、いじめ行為など生徒指導に関わる15の判決書教材を開発している。

　また、蜂須賀（2019ａ）は、児童生徒間の加害事故の防止や児童生徒の責任の認識に関する安全教育として、学校事故の裁判事例の判決書を教材化する研究を行っている。具体的には、加害行為の様態により「過失による加害行為」「いたずらや嫌がらせによる加害行為」「暴力による加害行為」「いじめによる加害行為」の４つに分類し、それらの判決書の教材化の可能性を明らかにしている。そして、蜂須賀（2019ｂ）は、児童生徒の危険予測・回避能力を育成する安全教育と、学校が行う安全管理を関連付けて、学校・教師の安全配慮義務違反が問われる裁判事例を考察し、教材開発を試みる研究を行っている。具体的には、事故要因として、「学校・教師の過失と児童生徒自身の過失に関連する事故」「学校・教師の過失による事故」「自然災害における教師の過失による事故」の３つに分類し、それらの判決書の教材化の可能性を明らかにしている。

　さらに、蜂須賀・新福（2020）は、安全教育の指導方法として、判決書教材を通して、安全上の問題点を指摘し、危険回避について今後の生活に活かせるような意思決定の場を組み込んだ授業プログラムを開発している。それは、学校保健安全法に掲げている「事故、加害行為、災害等」に関する内容で 25 の裁判の事例の判決書教材を活用し、【1:過去の経験の想起と共有】→【2:被害の状況の把握】→【3:安全上の問題と責任の所在の指摘】→【4:法的判断の確認】→【5:自己や自校への適応】の過程で、問題解決的な学習を基本とした授業プログラムである。

３．学校事故裁判事例を教材とした深める・究める安全教育

　ここでは、実践的研究としての蜂須賀（2019ａ、2019ｂ、2020）の「判決書教材を活用した安全教育」に着目する。そして、「加害行為の防止、責任の認識、危険を予測し回避する能力」を視点とした、深める・究める安全教育を具現化する手法として、蜂須賀の研究を再構成し、その可能性について検討する。

(1)　深める・究める安全教育で育てたい資質・能力

　まず、加害事故防止やその責任の認識、危険を予測し回避する能力を育成する安全教育を展開するにあたり、育てたい資質・能力を確認する。

　安全教育で育てたい資質・能力については、様々な見解がある中、本研究では、蜂須賀・新福（2020）が定義つけた資質・能力を用いる。『「生きる力」をはぐくむ学校での安全教育』（文部科学省 2019）が示す「知識・技能」「思考力・判断力・表現力等」「学びに向かう力・人間性等」の 3 つの観点を踏まえ、藤井ら（2002）の新たな安全能力論、原・渡邉（2009）の「危険予測能力」の定義等を参考に、表 1 のように捉えている [5]。

表 1　深める・究める安全教育で育てたい資質・能力

【知識・技能】
「①事故の状況や危険な行為の自他への影響等の知識」
「②事故の原因及び防止方法の知識や技能」
「③安全規則や教師及び保護者の指導の意義についての理解」
「④安全に関する権利や義務、自己管理・責任についての知識」
【思考・判断】
「⑤危険の知覚・発見、結果を予測する思考力」
「⑥安全な行動へ向けての的確な思考・判断、意思決定」
「⑦安全に関する情報収集・活用」
【学びに向かう力・人間性】
「⑧安全に関する様々な課題への関心」「⑨危険な環境の改善」
「⑩安全活動への参画」「⑪望ましい安全習慣、態度」「⑫自他の生命の尊重」

(2)　深める・究める安全教育で活用する判決書教材の検討

　次に、蜂須賀（2019 a 、2019 b）、蜂須賀・新福（2020）の研究で明らかになっている学校事故等に関する判決書の教材化の可能性を、深める・究める安全教育の視点から再検討する。学校事故等に関する裁判事例は、近年増加傾向にある。国公立学校の場合における民事責任としては、国家賠償法に基づき学校・教師の安全配慮義務違反を問うような損害賠償請求訴訟であり、加害児童生徒が負う民事責任としては、民法 709 条以下に定められている不法行為を問うような損害賠償請求訴訟である。その際に、加害児童生徒は、責任能力の有無が問われるが、13 歳以上は、責任能力者と判断される傾向にある。それぞれの裁判事例について

は、一般化できない面もあるが、判決書に示される「争いのない事実・認定事実」「被害の状況」「教諭らの過失・安全配慮義務違反の有無」「児童生徒らによる不法行為の有無」「親権者の監督義務違反の有無」「過失相殺」などを考察し、安全教育として活用できる構成要素を明らかにしている。

　表2は、蜂須賀・新福（2020）の研究をもとに、深める・究める安全教育の視点から類似した事故が繰り返される傾向を踏まえ、人的要因である児童生徒間での加害行為で起きた学校事故の判決書教材を再構成したものである。

表2　人的要因として児童生徒間で起きた加害事故の判決書教材一覧

a）いたずら、ふざけによる事故	・ふざけ半分で友達の後頭部を殴った事故 ・ふざけて友達の腕を振り回し、転倒させた事故 ・隣の人と物の取り合い中、鉛筆で眼を突いた事故 ・友達に鉛筆でちょっかいを出し、眼を突いた事故 ・冗談で下への飛び降りを強要した事故
b）けんかや嫌がらせ、乱暴な行動による事故	・悪口の仕返しに、足をかけて転倒させた事故 ・ほうきで相手を殴ったり投げたりした事故 ・先に決闘しようといわれ、相手を殴り返した事故 ・プロレスごっこの延長から本気で相手を殴った事故
c）不注意や周囲に配慮せずに起きる事故	・交差点で前方注視をせず、歩行者にぶつかった事故 ・歩道上を自転車で通行中、人を転倒させた事故 ・はさみを持って歩き回り、人の眼に当てた事故 ・友達に頼まれて危険な物を投げ返した事故 ・追いかけっこをしてドアを閉め、ぶつかった事故 ・鉄パイプ野球ですっぽ抜けて人に当たった事故 ・駅の階段で走って、人にぶつかった事故 ・キャッチボールをして、周りの人にぶつけた事故 ・休み時間中、遊びで人にぶつかった事故
d）SNSの加害	・SNSで個人の知られたくない事実を公開する行為 ・SNSで誹謗中傷のメッセージを送る行為

　加害行為につながる安全でない行動の仕方を「a）いたずら、ふざけによる事故」、「b）けんかや嫌がらせ、乱暴な行動による事故」、「c）不注意や周囲に配慮せずに起きる事故」、「d）SNSの加害」に整理し直した。

　例えば、「b）けんかや嫌がらせ、乱暴な行動による事故」の「ほうきで相手を殴ったり投げたりした事故」（仙台地裁2008年7月31日判決、判例時報2028号）は、中学1年生の生徒Aが、始業前、同級生にちょっかいを出し、トラブル

になり、ほうきを投げつけ眼に傷害を負わせた事例である。生徒Aは、ふざけ合いのつもりだったと主張するが、裁判では「Aは、事故時13歳と13日という年齢であって、自在箒のブラシの部分を原告の体に向けて、やり投げのようにして自らの肩よりも高い位置から投げつけたのであるから、その行為態様などに照らし、Aが、故意又は過失により原告に箒を投げつけており、（中略）民法709条に基づいて、原告に生じた損害を賠償する責任を負う」と判示している。

　これらの判示は、児童生徒が、安全ではない行動（ふざけ合いや乱暴な行動など）の結果、どのような最悪の事態になる可能性があるのか、また、その法的責任について認識する情報になると考える。

　「c）不注意や周囲に配慮せずに起きる事故」の「交差点で前方注視をせず、歩行者にぶつかった事故」（大阪地裁1993年12月7日判決、交通事故民事裁判例集26巻6号）は、小学6年生の児童Aが、友達2人と自転車で交差点を走行中、歩いていた女性と衝突し、その女性が負傷した事例である。裁判では、「見通しの悪い交差点であるから、Bが自転車で本件交差点を通過する際には、歩行者の有無、動静に十分注意して進行すべきであったにもかかわらず、右注意が不十分なままで本件交差点を通過しようとしたため、右方道路から本件交差点に向かって歩行してきた原告と衝突したもので、本件事故発生について、Bには、前方注視を十分に尽くさなかった落ち度があったというべきである」「Bが11歳7カ月であったことからすると、Aの親権者である被告らは、民法712条、714条に基づき、原告に対して、本件事故による損害を賠償する責任がある」と判示している。

　これらの判示は、児童生徒が、安全ではない行動（歩行者の有無、動静に注意せずに運転する行動）の結果、どのような最悪の事態になる可能性があるのか、また、その法的責任について認識する情報になると考える。

　「d）SNSの加害」の「SNSで誹謗中傷のメッセージを送る行為」（福島地裁2019年2月19日判決、判例時報2425号）は、高校生のDらが、同級生のCに誹謗中傷のメッセージを継続的に送るなどした結果、Cがうつ状態、ＰＴＳＤ様状態と診断され、精神的に追い詰められた事例である。Dらは、距離を縮めるため、ふざけて行ったにすぎないと主張する。しかし、裁判では、「「ころす」や「死ね」などの過激な表現が用いられたメッセージを送信したり、（中略）上半身裸の原告をからかう内容の動画等をインターネット上に公開したりするものなど、一

般的に被害者に恐怖感や嫌悪感を抱かせるもの、人格を否定するものである」「一連の言動は、悪ふざけの限度を超えたいじめ行為に該当するものであり、不法行為を構成する違法なもの」とし、その上で、「一連のいじめ行為により原告が被った損害について、連帯して賠償すべき責任がある」と判示している。

ここでの判示は、児童生徒が単にふざけと思っている行為が、「人格を否定するもの」で「不法行為を構成する違法なもの」になる可能性を認識できる情報である。そして、安全でない行動（ふざけや誹謗中傷）の結果の最悪の事態と、その法的責任について認識できる情報になると考える。

このように、児童生徒側が被告となり、民法709条以下に定められている不法行為を問うような損害賠償請求訴訟の判決書には、安全でない行動（故意または過失）によって被害が生じた因果関係が具体的に示され、その行動の結果についての責務が示されている。このような判決書を教材化することを通して、深める・究める安全教育では、児童生徒が、安全でない行動の結果として、最悪の事態になる可能性や、その行動の法的責任を理解できるようにすることをねらいとしている。そして、これらの知識が積み重なっていくなかで、事故は決して起こさないという意識が高まっていくのではないかと思われる。

ここでは、深める・究める安全教育で育てたい資質・能力の「①事故の状況や危険な行為の自他への影響等の知識」、「②事故の原因及び防止方法の知識や技能」「④安全に関する権利や義務、自己管理・責任についての知識」と関連する。

また、人的要因として児童生徒間で起きた加害事故の判決書教材では、加害児童生徒側の責務だけでなく、学校・教師の責務である安全配慮義務違反が問われている裁判の事例も扱う。

「友達に鉛筆でちょっかいを出し、眼を突いた事故」（神戸地裁1976年9月30日判決、判例時報856号）は、小学校3年生が、授業中、隣に座っていた同級生に鉛筆の先を向けてかざし、振り向いた際に眼に傷害を負わせた事例である。裁判では、「小学校低学年の児童に対する学校教育は、家庭では実現できない集団内での人格教育の面をも含み、また、安全教育をすることによって監督する」と判示し、その上で、小学校低学年の担任について、「単に一般的抽象的な注意や指導を日頃尽していれば足りるのではなく、学校における教育活動及びこれと密接不離な生活関係に関する限りは、児童の一人一人の性格や素行に対し日頃から注目

し、特に他の児童に対し危害を加えるおそれのある児童については、かかる結果の発生を回避すべく十分な指導や配慮をし、また自己の指導が及ばぬ場合には児童の親権者に適宜報告や相談をして、親権者の注意指導の努力を喚起すべき義務を負う」と判示している。

　ここでは、「安全教育をすることによって監督する」と示しているように、安全を確保するためには、児童生徒自身が注意を払ったり自制したりするだけでなく、学校・教師の監督や指導が不可欠であることを認識できる情報になると考える。このことは、深める・究める安全教育で育てたい資質・能力の「③安全規則や教師及び保護者の指導の意義についての理解」と関連する。

　表3は、蜂須賀・新福（2020）の研究をもとに、深める・究める安全教育の視点から、学校・教師の安全配慮義務違反が問われた学校事故の判決書教材について、人的要因や環境要因に関する事例として再構成したものである。

表3　人的要因として教師の安全配慮義務違反で起きた事故の判決書教材名

e) 環境要因と人的要因である教師の落ち度が関連する事故、また児童生徒自身の不注意が関連する事故	・部活動でのハードな練習中、熱中症になった事故 ・掃除時間中、ガスストーブのホースに足を取られて、熱傷を負った事故 ・給食の丸食缶を運搬中に中身をこぼし、熱傷を負った事故 ・校外学習で、岩場に赴き、滑り落ちた事故 ・危険な場所である校舎の屋上で遊び、転落した事故
f) 人的要因である教師の落ち度と児童生徒自身の不注意が関連する事故	・学級活動でのソフトボール中に、ボールが眼に当たった事故 ・野球部の練習で、手順や準備を怠り、ボールが眼に当たった事故
g) 人的要因である教師の落ち度が関連する事故	・体育の授業で、水泳練習中におぼれた事故 ・理科の実験中、教師が教室を離れたときに火傷を負った事故

　中学校保健体育の教科書では、傷害の環境要因として「施設や設備の不備な状態や気象条件などがある」と説明し、その例として固定されていないサッカーゴールなどをあげている。しかし、このような学校内の環境要因は、不備な状態を放置したままでいる学校・教師の安全配慮義務違反としての人的要因と関わっている。つまり、サッカーゴールを固定しなかった学校・教師の安全管理上の過失が

原因で、児童生徒が犠牲になるような事故である。安全で安心な環境を確保するために、安全教育と安全管理を両輪とした学校安全を展開するなかで、児童生徒自身が、学校内の危険な環境に気付き、管理者である学校・教師に改善を求めるような態度を育成することが望まれる。

　「e）環境要因と人的要因である教師の落ち度が関連する事故、また児童生徒自身の不注意が関連する事故」の「掃除時間中、ガスストーブのホースに足を取られて、熱傷を負った事故」（京都地裁1994年4月18日判決、判例時報1549号）は、環境要因とこのような教師の過失が要因で起きた事例である。環境要因として、ガスストーブのホースが、小学校4年生の児童が頻繁に往来する場所を横切る形で伸びていた。またその上に熱湯の入った金だらいが置かれていた。この環境下で、児童が机と椅子の移動という掃除の時間前の日常ごく普通の行為を行って事故に遭う。ここでは、担任教諭には、「ストーブのゴムホース又は熱湯の入った金だらいをまず別の場所に移した上で、児童に対し、机や椅子の移動作業をさせるべき安全配慮上の注意義務があった」と判示している。

　施設や設備が不備な環境下で、児童生徒が気をつけて事故防止に努めることは限界がある。不備な環境をよりよい環境にするにはどうしたらよいか、児童生徒の考える力を育成することも大切であると考える。深める・究める安全教育では、判決書教材を活用し、児童生徒が、学校・教師の安全配慮義務を理解することで、施設や設備の不備や教師の落ち度に気づいた際に、管理責任者である学校・教師にその不備を伝え、より安全な環境の改善を求める力を育成することもねらいの一つとしている。ここでは、深める・究める安全教育で育てたい資質・能力の「⑨危険な環境の改善」と関連する。

　「部活動でのハードな練習中、熱中症になった事故」（名古屋地裁判一宮支部判決2007年9月26日判決、判例時報1997号）は、夏休みの部活動中に中学1年生の生徒が、熱中症で死亡した事例である。顧問教諭の安全配慮義務として、熱中症を予防するために、①部活動が行われた環境、②暑熱馴化の有無、③練習内容、④休憩、給水の頻度や有無、⑤顧問が認識しえた生徒の体力差、性格等の生徒の特性を、総合的に考慮することが判示されている。

　これらの教師の安全配慮義務の内容は、児童生徒にとっても熱中症防止のために有益な情報となる。過酷な環境の中で児童生徒が熱中症の防止に努めることは

限界がある。教師の安全配慮義務の内容を理解した上で、「提示された無理な練習メニューに対してあなたはどうするか」「友達の命を守るために、教師が気付いていないとき、まわりの児童生徒はどうするか」「それでも我慢して練習を続けるか」などの問いをもとに、思考し意見を交流する授業を構成することで、より安全な環境の改善を求める力を育成することにつながるものと考える。これは、深める・究める安全教育で育てたい資質・能力の「⑨危険な環境の改善」と関連する。

　「f）人的要因である教師の落ち度と児童生徒自身の不注意が関連する事故」は、判示として、教師にも過失があり、児童生徒にも過失相殺が認められた裁判事例の教材である。「学級活動でのソフトボール中に、ボールが眼に当たった事故」（浦和地裁 1992 年 4 月 22 日判決、判例時報 1449 号）は、小学校 6 年生の学級活動の時間に、硬式用テニスボールを使用したソフトボールのプレイ中、打ったボールが防護マスクを着用せずに審判をしていた児童Eに当たり失明した事例である。

　担任教諭には、「防護マスクを準備せず、着用させなかった点、さらには、投手の生徒の上手投げをやめるように指導を行わなかった点について、それぞれ過失があった」と判示している。また、児童には、「軟式野球の経験もあり、防護マスクを着用しないままで審判をする場合は、ファウルチップのボールが顔面に当たる危険性が高いことは充分に理解したうえで行動できる年齢にあった。Eがコンタクトレンズを装着せず、防護マスクを着用しないまま審判をし、上手投げでゲームを続けていて発生したこの事故には、Eにも過失があった」と判示している。

　ここでの判示は、児童生徒の安全でない行動に加え、教師の落ち度（安全配慮義務違反）の結果、最悪どのような事態になるのか理解できる情報となる。それは、安全を確保するためには、児童生徒自身が注意を払ったり自制したりするだけでなく、学校・教師の管理や指導が不可欠であることを認識できる情報になると考える。深める・究める安全教育で育てたい資質・能力としては、「①事故の状況や危険な行為の自他への影響等の知識」、「②事故の原因及び防止方法の知識や技能」「③安全規則や教師及び保護者の指導の意義についての理解」「④安全に関する権利や義務、自己管理・責任についての知識」と関連する。

　国家賠償法に基づき、学校・教師の安全配慮義務違反を問うような損害賠償請求訴訟の判決書には、安全を確保するための学校・教師の責務と具体的な視点や方策が示されている。それは、児童生徒にとっても安全を守る意味で有益な情報

となる。このような判決書を教材化することを通して、深める・究める安全教育では、児童生徒が、教師の安全配慮義務の内容として、危険予測・回避する判断の材料となる知識を獲得できるようにすることもねらいの一つとしている。

(3) 判決書教材を活用した深める・究める安全教育の授業構想

　このような裁判事例を教材として開発した一つの例が、表 4−①〜③に示す判決書教材「隣の人と物の取り合い中、鉛筆で眼を突いた事故」（千葉地裁 2012 年 11 月 16 日判決、裁判所判例情報 www.courts.go.jp）である。判示については趣旨を変えない範囲で、児童生徒の発達段階に合った平易な言葉と場面で、プライバシーが特定されないような教材として作成している [6]。判決書には、時系列であたかも物語のように事故の態様が示されている。それは、児童生徒にとってはフィクションではなく、現実味を帯びた実際に起こりうる事例である。

　本教材は、「a）いたずら、ふざけによる事故」で、安全でない行動（冗談やいたずら、いじわる）が要因で、結果的には、相手の眼に傷害を負わせた事例である。「単なるいたずらで、そんなつもりはなかった。だからしょうがないんだ」という思考をする児童生徒がいる。しかし、相手に負傷させることが、当然予見できるような危険な行為は許されず、権利を侵害した不法行為になり、加害行為の責任（本人または親権者）を負う可能性が生じる。いたずらや嫌がらせの結果、自他にとって最悪の事態になる。そのような具体的な場面を学ぶ事例である。

　ここでは、「Bは、原告が返してもらおうと身を乗り出してくることは容易に予測することができたにもかかわらず、（中略）原告の顔の付近で振るという極めて危険な行為に出た」、「本件事故が全くの偶発的事故であるとは評価することができず、Bの個人的な注意能力の不備と性格上の問題とがあいまって発生した」と判示しているように、人的要因として、まわりへの配慮や注意だけでなく、いじわるな性格が要因となったことに着目する。

　深める・究める安全教育の授業では、ほとんどが 1 単位時間で完結する授業を想定し、読み物資料とワークシートを組み合わせた判決書教材を活用する。その教材は、【過去の経験の想起（問いかけ）】→【事故の様子や被害状況の把握（読み物資料）】→【安全上の問題点と責任の所在の指摘（ワークシート）】→【裁判所の判断の確認（読み物資料）】→【安全管理や危険予防のポイントの確認（問い

かけ）】→【感想や意見（ワークシート）】で構成される。

　【過去の経験の想起（問いかけ）】は、本時で学習する事例についてこれまでの経験を問いかける。誰でも起こりうる身近な事例であることを確認するとともに、本時の課題解決に向け、問題意識をもち自分のこととして主体的に取り組むことをねらいとしている。ここでは、「鉛筆や彫刻刀などの学習用具を扱う際に、危ないと思ったことはありませんか」などの問いをもとに全体で話し合い、本時の学習のテーマ「学習用具を扱うときに、安全上どんなことが問題で事故が起きるのだろうか」を設定する。ここでの活動は、安全教育で育成する資質・能力の「⑧安全に関する様々な課題への関心」と関連する。

　【事故の様子や被害状況の把握（読み物資料）】では、裁判所が認定した事実をもとに、事故の経緯を時系列で説明し、結果としての被害の様子やその家族等への影響がわかるように記載している。表4−①は、判決書教材「隣の人と物の取り合い中、鉛筆で眼を突いた事故」−「事故の様子」の一部である。ここでは、色鉛筆の返却を巡るやりとりから、まわりへの不注意な行為やいじわる心で、相手に重大な傷害を負わせた様子や経緯を記載している。これらの情報の記載は、「①事故の状況や危険な行為の自他への影響等の知識」との関連を意図している。

表4−①　判決書教材「隣の人と物の取り合い中、鉛筆で眼を突いた事故」−「事故の様子」

1　事故の様子

(1)　子どもたちの様子

　X小学校の6年2組（全21名）、担任はA先生。ある日の休み時間、Tが、落ちていたCの色鉛筆を拾って、間違ってとなりの席のBに渡した。Cは、Bに「それは、ぼくのだよ。色鉛筆を返して。」と頼んだ。でもBは、返してくれなかった。社会科の授業が始まった。Bは、日直当番だったので、号令をかけるため、Cとのやり取りを一旦やめた。A先生は、黒板に地名を書いて、地図帳の中からその地名をさがすよう指示し、活動が始まった。そして、A先生は、窓側の列の方の子どもたちの様子を見に行った。

　Cは授業中だったけど、まだ鉛筆のことが気になっており、Bに「ねえ、その色鉛筆は、ぼくのだから返して。」と言った。ところが、Bは「じゃ、お礼を言って」と言い、Cは、「ありがとう。だからもう返してよ。」と言った。

　でも、Bは色鉛筆を左手に持って、さらにCから遠ざけ「だめ。」と言って返さなかった。その後もあきらめずに「ねえ、返して。」と2・3回お願いしたが、Bは返さなかった。そこで、Cは、色鉛筆を取り返すために、立ち上がろうとして手を伸ばした。すると、Bは左手に持っていた色鉛筆をさらに遠ざけ、右手に持っていた鉛筆を思わず振り

回した。すると、鉛筆の芯がCの左目に刺さった。
（中略）中央病院では、すぐに緊急の手術をしたが回復しなかった。4か月後にも手術を行った。結局、左目がよく見えないままの障がいが残った。
(2)　先生の様子
　この日、休み時間にCがBに色鉛筆を返してほしいと言ったときは、まわりがざわついていて、A先生はこのやりとりには気付かなかった。授業中の地名さがしの活動では、A先生は、まず、窓側の列の方の様子を見に行っていた。このときも、多少ざわついていたので、2人のトラブルには気付かなかった。
（後略）

　【安全上の問題点と責任の所在の指摘（ワークシート）】では、「事故の様子や経過」から、児童生徒が、安全上の問題点や事故の原因、責任の所在等に関して、自分なりの考えをワークシートに記入できるように構成している。授業では、「安全に過ごすという面で、誰のどんな行動に問題があるのでしょう」と問いかけ、気になる点にアンダーラインを引きながら読む。そして、個人の考えを書く活動を設定する。次に、多様な見方・考え方に触れる意図で、グループで安全上の問題点や責任の所在、その理由について意見交換をする。その後、学級全体で問題点等について意見を交流する活動を取り入れる。ここでは、安全教育で育成する資質・能力の「⑤危険の知覚・発見、結果を予測する思考力」「⑥安全な行動へ向けての的確な思考・判断、意思決定」との関連を意図している。

　【裁判所の判断の確認（読み物資料）】では、判決書の「裁判所の判断」に示された、権利侵害や違法行為の有無、児童生徒自身にある危険を予見して回避する具体的注意義務、学校・教師にある児童生徒の行動を予見して危険を回避する具体的注意義務、親権者の監督義務などについて児童生徒が容易に理解できるような言葉で表現している。表 4−②は教材の「裁判所が指摘する問題点と責任を確認しよう−加害児童側の責任」、表 4−③は、「学校・教師の責任」の一部である。

表4−②　「裁判所が指摘する問題点と責任を確認しよう−加害児童側の責任」

2　裁判所が指摘する問題点と責任を確認しよう
(1)　Bの責任（Bの保護者の責任）
　まず、負傷をさせたBの行動を確認する。Bは、Cに「色鉛筆は自分のものだ。返してほしい。」と何回も言われたけれど、返さなかった。また、自分が拾ってもいないのにお礼を求めて、Cはお礼を言ったけど、返さなかった。そして、Cが身を乗り出して取り返そうとしたら、Bは、さらに遠ざけ、右手で鉛筆を振って負傷させた。
　では、この行動のどこに問題があるのだろうか。それは、Bは、日常よく使う鉛筆で、

相手に負傷させるかもしれないと当然予想できるのに、慎重に扱わずに、鉛筆の芯を上に向けて持ち、Cの顔の付近で振るという極めて危険な行動に出たことだ。それに、何度も返してほしいと言われたのに、これを返さなかったことも原因である。そうすると、この事故はまったく偶然に起きたものではなく、学習用具を扱うときのBの注意力のなさと、性格上の問題とが関連して発生した事故である。

　Bは、事故当時 11 歳 8 か月の小学校 6 年生、心も体も発達の途中である。この時期は、家庭での教育の影響を強く受ける年齢である。小学校で起きた事故だけれど、Bの保護者に責任がある。

　Bの保護者は、これまでBに彫刻刀やナイフの取扱い方について注意していた。でもBは、相手に負傷させることが当然予想できるのに、危険な行為をしたので事故が起きてしまった。しかもBが色鉛筆を返さなかったことも要因となっている。そうすると、Bの保護者は、日頃から家庭で物の取扱い方や、人とのコミュニケーションについて、十分注意するよう指導監督していたとはいえない。結局、Bの保護者は、Bが人に負傷させたことの責任をとらないといけない。

　ここでは、安全上の問題点として、「Bは、日常よく使う鉛筆で、相手に負傷させるかもしれないと当然予想できるのに、慎重に扱わずに、鉛筆の芯を上に向けて持ち、Cの顔の付近で振るという極めて危険な行動に出たことだ」と記しているように、相手を負傷させるかもしれないと予想して行動することの大切さを認識できるようにしている。また、児童生徒にとって、一見、安全でない行動とは関連づけられないような「性格上の問題」が要因になっていることも認識できるようにしている。

　このような教材を通して、事故の要因としては、不注意だけでなく、いじわるな性格も関連し、その結果、相手に重大な傷害を負わせる可能性があることを理解できるのではないかと思われる。ここでの活動は、深める・究める安全教育で育成する資質・能力「②事故の原因及び防止方法の知識や技能」「④安全に関する権利や義務、自己管理・責任についての知識」と関連する。

表４－③「裁判所が指摘する問題点と責任を確認しよう－学校・教師の責任」

(2)　学校や先生の責任
　まず、日ごろからどんな指導していたかを確認する。学校では、5 年生のときから、鉛筆を持ち歩くときには、危険防止のためにキャップをつけるよう指示し、鉛筆の危険性について指導していた。また、6 年生になったら、A先生が、包丁や彫刻刀、カッターなどの取り扱いや、事故が起きる危険性についてきちんと指導していた。このことから考えると、日常的な指導での、先生たちの落ち度は見られない。
　次に、2 人の児童が日ごろから問題のある子であったかを確かめる。もし問題のある

子なら、注意して見ておく必要がある。でも、CもBも、もともと特に問題のある子ではなかった。だから、先生はこの時間2人を注意して見る必要はなかった。

最後に、2人のやりとりにA先生が気付いていたかを確かめる。Cが休み時間にBに対して色鉛筆を返してほしいと言ったときは、特別大きな声ではなかった。また、授業中、地名さがしの活動のとき、多少のざわつきがあり、2人の鉛筆のやりとりは小声であった。そうすると、2人のトラブルに気付くことはできなかった。結局、A先生は、近くの子に呼ばれるまでこの事故に気づかなかったが、特に騒いでいたわけでもなく、日ごろから問題のある2人ではなかったので、事前に2人を注意して見るような事故を防ぐための責任があったとは認められない。

本判示では、学校・教師の損害賠償責任を認めていないが、具体的な安全配慮義務の内容を示しているので、児童生徒にとっても安全上有益となる情報を教材化している。「危険防止のためにキャップをつけるよう指示し、鉛筆の危険性について指導していた」「A先生が、包丁や彫刻刀、カッターなどの取り扱いや、事故が起きる危険性についてきちんと指導していた」など日常的な指導の必要性について言及している。ここでの活動は、深める・究める安全教育で育成する資質・能力「③安全規則や教師及び保護者の指導の意義についての理解」に関連する。

【安全管理や危険予防のポイントの確認(問いかけ)】では、本事例での学びのポイントをコンパクトに整理し、それを確認した上で、自分事として受けとめられるように、日常生活での安全な行動、危険の予測や回避等につながるような問いかけをしている。

最後に【感想や意見(ワークシート)】では、まず、本時で学習した事故の内容や原因と結果、安全確保の方法等について初めて知ったことや驚いたこと、これまでの自分の行動を振り返るなど感想を記入させる。次に、本時の授業での学びを踏まえて、今後の安全に過ごすための考えや、場合によっては新たな学校内のルールを考えるなど、自分なりの意見を記入できるよう構成している。ここでは、「⑨危険な環境の改善」「⑩安全活動への参画」「⑪望ましい安全習慣、態度」との関連を意図している。

4. まとめ

本章では、深める・究める安全教育として、まず、『学校の管理下の災害』に示される事故発生の傾向や、2022年3月の「第3次計画」、研究者のこれまでの指

摘等をもとに、改善の視点を明らかにした。具体的には、①被害だけでなく児童
生徒間で起きる加害事故の防止、②事故に関する児童生徒および教師の責任の理
解、③危険を予測し回避する能力の育成の 3 点である。

　そして、3 つの視点に関連する実践的研究として、学校事故に関する裁判事例
の判決書教材を活用した安全教育を再構成し検討した。児童生徒間の加害事故の
判決書教材には、事故の責任の重さを認識する情報が記されている。また、教師
の安全配慮義務違反が問われる判決書教材では、児童生徒が、学校・教師の責任
を認識し、安全な環境を改善することにつながる情報が記されている。そして、
この教材を活用して、安全上の問題点を指摘する問題解決的な授業を通して、危
険を予測し回避する能力を育成する可能性を垣間見ることができた。

　学校内の安全を確保するためには、安全教育や生徒指導の領域や教科等を越え
た取組が必要である。今後、深める・究める様々な研究・実践が広がり、安全・
安心の学校が確立されることが期待される。

〈注〉

1) 独立行政法人日本スポーツ振興センター（2017)『学校の管理下の災害』[平成 29 年版]
　から同（2021)『学校の管理下の災害』[令和 3 年版] まで過去 5 年間の推移を参照した。
2) 独立行政法人日本スポーツ振興センター『学校の管理下の災害』[令和 3 年版]「第二編
　Ⅱ学校の管理下の障害の状況」を参照し、児童生徒間で起きた加害事故を取り出し、その
　要因を検討した。
3) 文部科学省（2019)『学校安全参考資料「生きる力」をはぐくむ学校での安全教育』や、
　『小（中）学校学習指導要領（平成 29 年告示)』(2017) の総則には「安全に関する指導」
　として「各教科、道徳科、外国語活動及び総合的な学習の時間などにおいてもそれぞれの
　特質に応じて適切に行うよう努めること」が明記されている。
4) 東京書籍（2021)『新しい保健体育』、大日本図書（2021)『中学校保健体育』、大修館書
　店（2021)『最新　中学校保健体育』、Gakken（2021)『中学保健体育』の 4 社の教科用
　図書について、文章や挿絵等の記述を確認した。この他、社会科や理科、特別の教科道徳
　の教科用図書で生活安全や交通安全に関する記述が散見する。
5) 本研究では、蜂須賀洋一・新福悦郎（2020)「判決書教材を活用した安全教育の教材開
　発とプログラム化」で定義つけた安全教育の資質・能力を用いる。
6) 判決書教材の具体例については、新福悦郎・蜂須賀洋一（2020)「児童生徒の加害行為
　を原因とする学校事故を防止するための判決書教材を活用した安全教育についての事例

研究」や、蜂須賀洋一（2016）「学校事故に関する判例教材を活用した生徒指導の実践的研究」を参照。

〈引用・参考文献〉

文部科学省（2019）『学校安全参考資料「生きる力」をはぐくむ学校での安全教育』

文部科学省（2017）『小学校学習指導要領（平成 29 年告示）解説　体育編』

独立行政法人日本スポーツ振興センター（2021）『学校の管理下の災害』［令和 3 年版］「第四編　学校生活における事故防止の留意点」

渡邉正樹（2021）前掲『学校の管理下の災害』［令和 3 年版］「第四編　学校生活における事故防止の留意点　中学校における事故防止の留意点」、205-211 頁

藤井真美・松岡弘・渡邉正樹（他 7 名）（2002）「安全能力の概念とその構造に関する研究」『安全教育学研究』2-1、35-41 頁

藤井真美・刈間理介・海保博之（他 13 名）（2007）「安全能力の概念と構造」『安全教育学研究』7-1、3-16 頁

関根祐一・富岡元信・井筒次郎・本間啓二・吉田瑩一郎（2006）「1 単位時間および短時間での安全指導プログラムの開発に関する実践研究」『安全教育学研究』6-1、49-72 頁

柿原聖治・高原芳明（2007）「小学校理科における安全学習の在り方－危険予測、回避を育てる教材の開発－」『岡山大学教育学部研究集録』135、65-69 頁

原洋子・渡邉正樹（2009）「小学生の危険予測・回避能力を育成する安全教育の授業開発」『東京学芸大学紀要　芸術・スポーツ科学系』61、147-161 頁、など

村越真（2017）「安全教育の課題と 21 世紀型能力」『教科開発学論集』5、123-133 頁

蜂須賀洋一（2016）「学校事故に関する判例教材を活用した生徒指導の実践的研究」『生徒指導学研究』15、103-113 頁

蜂須賀洋一（2019）「学校事故裁判事例を活用した安全教育の実践的研究 1」『上越教育大学研究紀要』38-2、321-331 頁

蜂須賀洋一（2019）「学校事故裁判事例を活用した安全教育の実践的研究 2」『上越教育大学研究紀要』39-1、64-74 頁

蜂須賀洋一・新福悦郎（2020）「判決書教材を活用した安全教育の教材開発とプログラム化」『上越教育大学研究紀要』39-2、343-353 頁

新福悦郎・蜂須賀洋一（2020）「児童生徒の加害行為を原因とする学校事故を防止するための判決書教材を活用した安全教育についての事例研究」『石巻専修大学研究紀要』31、63-70 頁

第8章　社会参画意識を深める・究める体験活動

林　幸克

　本章では、児童生徒に社会参画が求められる背景と現状、体験活動の現状と課題、高等学校における実践事例分析、この3つの観点から「社会参画意識を深める・究める体験活動」の在り方について論究する。

1．社会参画意識の諸相
(1)　社会参画の捉え方

　OECD "THE FUTURE OF EDUCATION AND SKILLS Education2030"（2018）、OECD "OECD Future of Education and Skills 2030 Conceptual learning framework LEARNING COMPASS 2030"（2019）を概観すると、"agency"がポイントとして示されており、その重要性は国際的に認識されている。文部科学省の仮訳[1]では、"Learner agency"について、「将来に向けて準備ができている生徒は、自らの教育や社会生活を通して、エージェンシーを発揮していく必要がある。エージェンシーは、社会参画を通じて人々や物事、環境がより良いものとなるように影響を与えるという責任感を持っていることを含意する。」とされている。

　2018年告示版高等学校学習指導要領では、その前文で、学校に求められることについて、「一人一人の生徒が、自分のよさや可能性を認識するとともに、あらゆる他者を価値のある存在として尊重し、多様な人々と協働しながら様々な社会的変化を乗り越え、豊かな人生を切り拓き、持続可能な社会の創り手となることができるようにすること」と記されている。この学校の役割は、OECDが示すagencyの涵養と重なる側面があり、社会参画をキーワードとして捉えることができる。

　それでは、その社会参画とは何か、どのように定義することができるのかをみてみる。「高等学校学習指導要領（平成30年告示）解説　特別活動編」（以下、特別活動編解説）には、「「社会参画」はよりよいホームルームや学校生活づくりなど、集団や社会に参画し様々な問題を主体的に解決しようとするという視点で

ある。社会参画のために必要な資質・能力は、集団の中において、自発的、自治的な活動を通して、個人が集団へ関与する中で育まれるものと考えられる。学校は一つの小さな社会であると同時に、様々な集団から構成される。学校内の様々な集団における活動に主体的に関わることが、地域や社会に対する参画、持続可能な社会の担い手となっていくことにもつながっていく。また、主権者としての自覚の醸成にも結び付くものである。」と示されている。端的にいえば、社会参画は「集団・社会における主体的な問題解決」と捉えることができそうである。

(2) 学習指導要領における社会参画の記述

　学校教育において、社会参画がどのように位置づけられようとしているのか、2017 年・2018 年告示版学習指導要領における社会参画の記述を整理する[2]。なお、表 1 中の下線は筆者が付記したものである。

　小学校・中学校・高等学校に共通して、特別活動で扱われていることがわかる。小学校では学級活動において社会参画をより具体的に考えること、中学校・高等学校ではそれに加えて、生徒会活動で実践につなげようとしていることを読み取ることができ、社会参画の実践知の育成が目指されている。また、中学校・高等学校では、教科でも言及されている。現代社会の諸課題への向き合い方が示されており、社会参画の理論知の涵養が明示されている。

　子ども・若者育成支援推進本部「子供・若者育成支援推進大綱～全ての子供・若者が自らの居場所を得て、成長・活躍できる社会を目指して～」（2021）では、施策の具体的内容で、社会形成に参画する態度を育む教育の推進に関して、「社会の一員として自立し、適切な権利の行使と義務の遂行により、社会に積極的に関わろうとする態度等を育む教育を推進する。民主政治や政治参加、法律や経済の仕組み、社会保障、労働者の権利や義務、消費に関する問題等、政治的教養を育み、勤労観・職業観を形成する教育に取り組む。」としており、実践知と理論知の両面を育むことが意識されている。

表 1　2017 年・2018 年告示版学習指導要領における社会参画の記述

教科など	小学校	中学校	高等学校
社会（公民的分野）		合意形成や社会参画を視野に入れながら、取り上げた課題について構想したことを、妥当性や効果、実現可能性などを踏まえて表現できるよう指導すること。	
公民（目標）			(2)現代の諸課題について、事実を基に概念などを活用して多面的・多角的に考察したり、解決に向けて公正に判断したりする力や、合意形成や社会参画を視野に入れながら構想したことを議論する力を養う。
特別の教科　道徳		C　主として集団や社会との関わりに関すること ［社会参画、公共の精神］　社会参画の意義と社会連帯の自覚を高め、公共の精神をもってよりよい社会の実現に努めること。	
特別活動	学級活動（小学校・中学校）・ホームルーム活動（高等学校）　(3)一人一人のキャリア形成と自己実現		
	イ　社会参画意識の醸成や働くことの意義の理解 清掃などの当番活動や係活動等の自己の役割を自覚して協働することの意義を理解し、社会の一員として役割を果たすために必要となることについて主体的に考えて行動すること。	イ　社会参画意識の醸成や勤労観・職業観の形成 社会の一員としての自覚や責任をもち、社会生活を営む上で必要なマナーやルール、働くことや社会の貢献することについて考えて行動すること。	
		生徒会活動　(3)ボランティア活動などの社会参画 地域や社会の課題を見いだし、具体的な対策を考え、実践し、地域や社会に参画できるようにすること。	

(3)　社会参画意識の国際比較

　国際的にみて青少年の社会参画意識はどのような現況にあるのか、その実態を 3 つの調査から確認する [3)]。

　まず、調査対象年齢が同一の 2013 年調査と 2018 年調査で 7 か国の比較をする。日本の回答をみると、「私の参加により、変えてほしい社会現象が少し変えられるかもしれない」は、2013 年調査（30.2％）から 2018 年調査（32.5％）で 2.3 ポ

イント増加したものの、両調査とも7か国中7位で最下位であった。「社会のことは複雑で、私は関与したくない」は、2013年調査（31.3%）から2018年調査（36.6%）で5.3ポイント増加、順位は5位から6位となった。「私個人の力では政府の決定に影響を与えられない」は、2013年調査（61.2%）から2018年調査（58.4%）で2.8ポイント減少、順位は4位から3位となった。この結果から、自身の社会参画によって変化・影響が生じ得ると捉えるようになっている一方で、関わりたくない思いは強くなっていることがわかる。他国との比較でみると、相対的に捉えると関与する気持ちは上昇しているが、変化を与えられない思いも上昇しており、「私の参加により、変えてほしい社会現象が少し変えられるかもしれない」の低調さを基盤に、社会参画に対してアンビバレントな状態であることが推察される。

表2-1 社会参画意識の国際比較（1/2）（単位：%）

	日本			米国			韓国		
	2013年調査	2018年調査	2020年調査	2013年調査	2018年調査	2020年調査	2013年調査	2018年調査	2020年調査
私の参加により、変えてほしい社会現象が少し変えられるかもしれない	30.2	32.5	35.4	52.9	63.1	70.5	39.2	37.3	69.2
社会のことは複雑で、私は関与したくない	31.3	36.6	52.0	36.8	48.7	56.7	35.8	38.9	53.0
私個人の力では政府の決定に影響を与えられない	61.2	58.4	83.0	48.8	54.8	76.2	61.0	53.2	64.6

表2-2 社会参画意識の国際比較（2/2）（単位：%）

	英国		ドイツ		フランス		スウェーデン		中国
	2013年調査	2018年調査	2013年調査	2018年調査	2013年調査	2018年調査	2013年調査	2018年調査	2020年調査
私の参加により、変えてほしい社会現象が少し変えられるかもしれない	45.0	54.9	52.6	51.1	44.4	50.6	43.4	46.9	79.6
社会のことは複雑で、私は関与したくない	41.0	44.1	30.8	38.5	32.4	40.9	25.7	32.1	41.4
私個人の力では政府の決定に影響を与えられない	61.7	59.6	62.0	57.3	62.1	59.2	39.2	41.1	59.4

　次に、2020年調査を合わせて、4か国の比較をする。日本のデータに着目すると、2020年調査では、3項目の中で「私個人の力では政府の決定に影響を与えら

れない」（83.0%）が最も多く、以下、「社会のことは複雑で、私は関与したくない」（52.0%）、「私の参加により、変えてほしい社会現象が少し変えられるかもしれない」（35.4%）となった。この結果から、2013年調査・2018年調査（13〜19歳対象）より、高校生に限定した場合の方が、いずれの項目もポイントが高いことがわかる。「私の参加により、変えてほしい社会現象が少し変えられるかもしれない」は、2013年調査・2018年調査から2020年調査にかけて約2〜5ポイント増加している。「社会のことは複雑で、私は関与したくない」も同じく増加傾向にあるが、約15〜20ポイント増加しており増加幅が大きい。「私個人の力では政府の決定に影響を与えられない」も同様で、約20〜25ポイント増加している。すなわち、他の若年層と比べて、関与したくない思いが強く、また、影響を与えられないという思いも強いことがわかる。高校生に関しては、社会参画に対して一貫して低調な思いであるといえる。加えて、他の3か国と比較すると、「私の参加により、変えてほしい社会現象が少し変えられるかもしれない」が約30〜45ポイント低い。他国の高校生のおよそ7〜8割が社会参画で変化が生じ得ると捉えているのに対して、日本の高校生は諦観の境地にあるのではないかと思われても致し方ない。

(4)　主権者意識と学力

表3　主な国政選挙の投票率（単位：%）

	2016年参議院議員通常選挙	2017年衆議院議員総選挙	2019年参議院議員通常選挙
10歳代	46.78	40.49	32.28
20歳代	35.60	33.85	30.96
30歳代	44.24	44.75	38.78
40歳代	52.64	53.52	45.99
50歳代	63.25	63.32	55.43
60歳代	70.07	72.04	63.58
70歳代以上	60.98	60.94	56.31
全体	54.70	53.68	48.80

こうした高校生の意識が表出している一端を投票率にみることができる。2016年6月に改正公職選挙法が施行され、選挙権年齢が18歳以上に引き下げられた。当初は高等学校における主権者教育の充実などを背景に、20歳代・30歳代を凌ぐ投票率であったが、昨今の投票率は減少に転じている。これは、特別活動編解説で示された学校教育における「主権者としての自覚の醸成」が不十分である証左であり、改めて社会参画意識の涵養、特に社会参画の実践知が求められているといっても過言ではない。

　高校生だけではなく、小学生・中学生にとっても社会参画意識は重要である。文部科学省　国立教育政策研究所「令和3年度　全国学力・学習状況調査報告書」（2021）から、学力との関連に着目する。

表4　社会参画意識と選択肢別平均正答率

		小学校		中学校	
		国語	算数	国語	数学
地域や社会をよくするために何をすべきかを考えることがありますか	当てはまる	68.3	73.0	65.6	58.7
	どちらかといえば、当てはまる	66.2	71.5	65.7	58.7
	どちらかといえば、当てはまらない	64.0	69.8	65.4	57.9
	当てはまらない	59.8	65.6	62.7	54.3

　児童生徒対象調査「地域や社会をよくするために何をすべきかを考えることがありますか」の選択肢別平均正答率をみてみると、小学生は、国語・算数とも「当てはまる」児童の平均正答率が最も高かった。「当てはまる」と「当てはまらない」を比較すると、国語8.5点差、算数7.4点差であった。中学生では、国語は「どちらかといえば、当てはまる」、数学は「当てはまる」と「どちらかといえば、当てはまる」生徒の平均正答率が最も高かった。小学生同様の比較をすると、国語2.9点差、数学4.4点差であった。

　この結果を概観すると、社会参画について考えることと平均正答率の高さには相関がありそうである。社会参画意識の涵養は、学力向上に寄与する可能性がある。

２．体験活動の諸相

　子ども・若者育成支援推進本部「子供・若者育成支援推進大綱〜全ての子供・若者が自らの居場所を得て、成長・活躍できる社会を目指して〜」（2021）では、施策の具体的内容として「体験活動の推進」を取り上げ、「豊かな人間性や社会性、自己肯定感、自己有用感、意欲、チャレンジ精神等を涵養し、「生きる力」を育むため、子供の発達段階や子供の置かれた状況に応じた自然体験、社会体験、生活体験、芸術・伝統文化体験の場を創出するとともに、社会的気運を醸成することにより体験活動を積極的に推進する。」としている。また、「ボランティア活動等による社会参画の推進」に関して、「ボランティア活動等を通じて市民性・社会性を獲得し、地域社会へ参画することを支援する。」と記している。社会参画意識を深める・究めるために、ここに示されたような体験活動は不可欠である。それでは、その体験学習について、どのような現況であるのかを確認する。

(1)　学習指導要領の記述

　2017 年・2018 年告示版学習指導要領において体験活動がどのように記述されているのかをみてみる [4]。

　すべての学校種に共通して、総則と総合的な学習の時間／総合的な探究の時間で触れられている。また、小学校・中学校では特別の教科　道徳、小学校・中学校・高等学校では特別活動（学校行事）でも言及されている。総じて、教科外活動において体験活動を位置づけることが想定されていることがわかる。特に、総合的な学習の時間／総合的な探究の時間では具体的な活動が示されており、体験活動の実践と親和性が高いことが推察される。

表5　2017年・2018年告示版学習指導要領における体験活動の記述

教科など	小学校	中学校	高等学校	特別支援学校
総則	道徳教育や体験活動、多様な表現や鑑賞の活動等を通して、豊かな心や創造性の涵養を目指した教育の充実に努めること。			
	児童が生命の有限性や自然の大切さ、主体的に挑戦してみることや多様な他者と協働することの重要性などを実感しながら理解することができるよう、各教科等の特質に応じた体験活動を重視し、家庭や地域社会と連携しつつ体系的・継続的に実施できるように工夫すること。			
特別の教科　道徳	特別活動等における多様な実践活動や体験活動も道徳科の授業に生かすようにすること。			
総合的な学習の時間／総合的な探究の時間	自然体験や（中学校は「職場体験活動、」追記、高等学校は「就業体験活動、」追記）ボランティア活動などの社会体験、ものづくり、生産活動などの体験活動、観察・実験、見学や調査、発表や討論などの学習活動を積極的に取り入れること。			体験活動に当たっては、安全と保健に留意するとともに、学習活動に応じて、（高等部は「中学部又は中学校までの学習を踏まえ、」追記）小学校の児童又は中学校の生徒（高等部は「高等学校の生徒」）などと交流及び共同学習を行うよう配慮すること。
特別活動（学校行事）	実施に当たっては、自然体験や社会体験などの体験活動を充実するとともに、体験活動を通して気付いたことなどを振り返りまとめたり、発表し合ったりするなどの事後の活動を充実すること。			

(2)　総合的な学習の時間の体験活動

　それでは、総合的な学習の時間で取り組まれる具体的な学習内容を確認する [5]。

　小学校では、「環境」（84.5%）が最も多く、以下、「福祉」（83.9%）、「伝統と文化」（79.7%）、「地域に人々の暮らし」（79.0%）であった。中学校は、「キャリア」（95.3%）、「伝統と文化」（70.6%）、「福祉」（56.3%）の順であった。高等学校は、普通科・専門学科・総合学科とも「キャリア」（普通科90.8%、専門学科72.7%、総合学科91.6%）が一番多く、「伝統と文化」（同45.5%、32.3%、51.5%）が続いた。

表6　総合的な学習の時間の具体的な学習内容（複数回答，単位：%）

	小学校	中学校	高等学校		
			普通科	専門学科	総合学科
国際理解	53.1	36.1	39.7	27.4	42.4
情報	53.8	33.5	27.1	21.0	38.7
環境	84.5	45.3	33.3	25.7	41.4
福祉	83.9	56.3	36.6	25.8	46.1
健康	20.0	26.7			
資源エネルギー	17.5	7.2			
安全	22.6	24.0			
食	63.4	29.8			
科学技術	6.0	7.2			
地域の人々の暮らし	79.0	55.3			
伝統と文化	79.7	70.6	45.5	32.3	51.5
町づくり	41.1	30.3	12.9	11.1	21.5
地域経済	15.3	23.5			
防災	30.9	39.1	19.1	14.2	19.9
キャリア	66.5	95.3	90.8	72.7	91.6
ものづくり	24.9	20.7			
生命	29.9	29.8			
社会と政治	11.9	12.2	26.2	16.2	31.6
その他	24.9	22.0	34.2	31.4	64.6

　「環境」「福祉」「伝統と文化」は、小学校では約8割程度であったものが、中学校で約10〜40ポイント減少、高等学校では約30〜50ポイント減少となっている。その他の活動も、概ね学校段階が進行するに伴い減少している。その中で、「キャリア」については状況が違う。学習指導要領に「職場体験活動」「就業体験活動」が明示されている影響か（2008年・2009年告示版学習指導要領にも同様の記載があった）、小学校と比較して中学校では約30ポイント増加、高等学校では約6〜25ポイント増加している。また、高等学校の「その他」には、自己理解、

進路研究、自主設定テーマ探究等が含まれ、「キャリア」に関連する内容が占めており、高等学校は特に「キャリア」中心であることがうかがえる。

(3) 学校外の体験活動及びその国際比較

　ここまでは、学校教育における体験活動に着目してきたが、学校外での体験活動の実態はどのようになっているのか、また、国際的にみてどのような状況なのかを確認する[6]。

表7　学校外での体験活動（単位：%）

	日本	米国	中国	韓国
趣味に関する活動（文化・アート・音楽・スポーツを含む）	36.7	67.1	41.4	54.5
地域の子ども・若者の交流活動（子ども会など）	10.3	21.9	15.0	34.3
寄付・募金活動	14.2	39.4	25.2	27.0
環境・自然保護に関する活動	6.5	19.2	26.7	25.4
動物愛護に関する活動	3.0	14.2	17.9	16.8
社会福祉に関する活動	5.6	14.5	30.4	26.6
町おこしや郷土芸能に関する活動	6.3	14.2	17.1	16.0
災害に関する活動	6.6	13.2	12.9	13.6
国際協力・交流に関する活動	6.4	13.4	10.4	13.4
政策に対する意見表明に関する活動	2.4	18.5	10.6	14.0
アルバイトや仕事	19.4	34.9	11.0	17.6

　日本に着目すると、「趣味に関する活動（文化・アート・音楽・スポーツを含む）」（36.7%）が最も多く、「アルバイトや仕事」（19.4%）、「寄付・募金活動」（14.2%）

と続いた。他方、「政策に対する意見表明に関する活動」（2.4%）や「動物愛護に関する活動」（3.0%）などは低調であった。この結果から、活動成果が自分に戻るような自己完結的活動・自己還元的活動への取り組みが多く、専門性が求められる活動にはあまり取り組まれていないことがわかる。表 6 の結果と関連づけて捉えると、学校では「国際理解」（約 30〜40%）や「伝統と文化」（約 30〜50%）に取り組んでいるものの、学校外での活動にはつながっていない。学校だけの学校完結的な体験活動にとどまっており、実社会での活動につながる真正の社会参画に寄与するものになっていないことが推察される。

　国際比較をすると、全 11 項目中 10 項目で日本が最下位で、社会的・文化的背景などを加味する必要はあるものの、総じて低調である。その中でも、「環境・自然保護に関する活動」（12.7〜20.2 ポイント差）、「動物愛護に関する活動」（11.2〜14.9 ポイント差）、「社会福祉に関する活動」（8.9〜24.8 ポイント差）などは、他の 3 国との開きが比較的大きい。一見すると専門的・非日常的な活動のように思われるが、エコバッグの利用や地域清掃など日常的にできる取り組みもある。特別視することなく、日常的にできる活動があること、他人事ではなく自分事として捉える具体的な視点を持つこと・実践すること、ここの意識化を促す働きかけが求められる。

３．高等学校における実践事例

　ここまで社会参画意識、体験活動について概観してきたが、それらを踏まえながら、具体的な実践として岐阜県中津川市立阿木高等学校の取り組みに着目して、社会参画意識を深める・究める体験活動の在り方を検討する。

(1)　岐阜県中津川市立阿木高等学校の概要（以下，阿木高校）[7]

　全校生徒 106 名（2020 年 5 月 1 日現在）の単位制昼間定時制課程（生産科学科、総合生活科）の高等学校である。1949 年に阿木村立阿木高等学校（定時制課程、農業科・被服科）として開校した。地元の農産業の担い手を育成することを主目的として設置されるという経緯があり、今日でも地元に密着した活動が根付いている。

　生徒の進路は、約 8 割が就職である。教員の勤務年数が比較的長いこと（勤務

実績平均6年）、生徒数が少ないこと、少人数授業を展開していることなどから、全教職員が全生徒を把握しており、両者の心理的距離は近く、適切な生徒理解のもと様々な支援ができる状態となっている。生徒指導の重点目標の1つに「地域への貢献、ボランティア活動に参加する生徒の育成」が掲げられ、具体的な取り組みの中に「交通安全運動、阿木駅清掃、地区三世代交流等のボランティア活動」が示されてる。また、生産科学科では「課題研究及び農業クラブ活動などを通じた、主体的で対話的な深い学びの実践」、総合生活科では「地域との連携と、地域社会に貢献できる職業人の育成」が重点目標の1つとして明示されている。

(2) 具体的な取り組み [8]

　ここで取り上げる実践は、学童保育における小学生対象のSDGs啓発の取り組みである（2021年8月2日、8月6日実施）。生産科学科の活動と関連して、これまで廃棄していた販売できないジャム（蓋に傷がついている、アクが残り見た目が悪い等）を、おやつと一緒に食べてもらうものである（以下、おやつイベント）。小学生が口にするものであるので、学童保育指導員との相談の上、保護者が不快に思われないものを食べてもらえるように準備された。その際、小学生でもSDGsについて理解できるように、身近な事柄を取り上げたり、クイズ形式で楽しみながら学ぶことができたりするような工夫がされた。教育課程上は課題研究に位置づけられている。

　実践に至る経緯としては、授業（専門科目「食品製造」）でSDGsについて学習したことが始まりである。SDGsの目標12「つくる責任　つかう責任」に着目し、その学習を通して廃棄していたジャムがもったいないという意見が出るようになり、有効利用の方途を考え、学童保育での活動につながった。また、賞味期限が切れている製造ロットごとの保存用ジャムの利用方法として、カブトムシのエサにすることもアイデアとして出された。希釈濃度や凝固剤の添加量を調節し、市販の昆虫ゼリーのように仕上げ、実際にカブトムシが食べることを確認した。おやつイベントが夏休み前半に実施できたため、8月中（夏休み後半）に学童保育での昆虫ゼリーづくり（昆虫ゼリー講習会）を計画していたが、コロナ禍のため実施を見合わせることとなった。

　SDGsをテーマに掲げて、教科等で得た問題意識や学習成果を応用・発展させ、

小学生との交流につなげていることから、社会参画意識を育む体験的な取り組みとして捉えることができる。

(3)　方法

　2021 年 11 月 12 日に生産科学科の生徒 2 名（共に 2 年生）に対して、高校の会議室にて半構造化インタビュー（約 30 分間）を行った[9]。主な内容は、高校入学以降の印象に残っている体験活動、小学生との交流を通しての学びや気づき、将来役に立つと思う高校での学び、やってみたい活動、地域社会における高校生の役割などである。また、校長先生、生産科学科の教員 1 名も同席した。

　インタビュー記録を分析するにあたり、質的データ分析ソフトウェアの一つである MAXQDA を用いた。質的データ処理には、3 つの手続き（意味的にまとまりのある特定部分のくくり出しと切り抜き、索引用コード付与による情報の検索と抽出、索引用コード付与およびコード同士の関係の割り出しによる報告書全体のストーリーの構成）がエッセンスとして含まれており、QDA（Qualitative Data Analysis）ソフトウェアはその一連の手続きをモデルにしている[10]。代表的な QDA ソフトウェア（MAXQDA、NVivo、ATLAS など）の中で、MAXQDA を使用したのは、データ管理、コーディング、分析、体系化などの基本的な処理・作業を柔軟にできると判断したからである。

　なお、本調査は明治大学文学部「人を対象とした研究等に関する研究倫理委員会」の審査を受け、承認されて実施したものである。

(4)　分析手続き

　インタビュー記録は、全部で 35 パラグラフから構成されていた。全 35 パラグラフをコーディングして、19 のコードをつけた（コーディング 1 回目）。その後、MAXQDA の図解ツールにあるコードマップ機能で分析を行った。この結果をもとに、3 カテゴリーを作成した（カテゴリー作成 1 回目）。カテゴリーごとにコードマップを作成し、コード間の関係性を確認した。また、すべてのセグメント（コーディングした一文）を読み返して、コードを再考した（コーディング 2 回目）。それらを踏まえて、コードの修正を行い、17 コードをつけた。表 8 には、各コードのセグメント数等を示した。その 17 コードをすべて用いてコードマップを作成

し、その結果から、改めて3カテゴリーを作成した（カテゴリー作成2回目）。

表8　コード一覧

カテゴリー	コード	セグメント数	セグメント数全体に占める割合（単位：%）
小学生との交流からの気づき	小学生に対する思い	5	14.3
	小学生との交流意欲	3	8.6
	小学生と交流して伝える意義	2	5.7
	小学生と交流する際の工夫	2	5.7
	小学生との交流のインパクト	1	2.9
	小学生との交流後の気持ち	1	2.9
	小学生と一緒に学ぶこと	1	2.9
	小計	15	42.9
他者と交流する必要性	他者と交流する意欲	6	17.1
	小学生時の高校生との交流	1	2.9
	小学生時の中学生との交流	1	2.9
	中学生時の高校生との交流	1	2.9
	他者に発表する意味	1	2.9
	小計	10	28.6
高校生の社会的役割	専門学科に対する意識	4	11.4
	小学生との今後の交流活動でやりたいこと	3	8.6
	学校全体での交流意欲	1	2.9
	専門性を活かした取り組み	1	2.9
	社会に対する関心	1	2.9
	小計	10	28.6
合計		35	100.0

(5)　結果・考察

　社会参画意識を構成する3カテゴリーの中で、セグメント数が多かったコードについて、具体的な内容を単一事例モデル（図1）から確認する。

　カテゴリー「小学生との交流からの気づき」のコード「小学生に対する思い」では、高校生がイメージしていた小学生と現実の小学生に違いを感じ、驚いている様子をうかがうことができる。カテゴリー「他者と交流する必要性」のコード「他者と交流する意欲」では、"六斎市" [11] をキーワードにしながら、他者と交流する楽しさを実感していることがわかる。カテゴリー「高校生の社会的役割」の

コード「専門学科に対する意識」では、専門的な学びに対して抵抗なく馴染んでいる様子が伝わってくる。

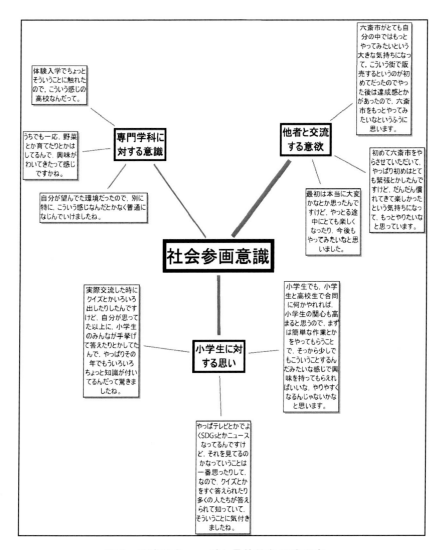

図1　代表的なコードと具体的な口述内容

小学生との交流に関して、そこに至るまでの経験（六斎市への参加など）から多くの気づきや学びを得ることができており、それが、小学生との交流にも活きているものと思われる。阿木高校の所在地はお祭りの多い地域で、生徒が多様な交流活動経験を蓄積することが可能な環境となっている。小学生との交流だけ切り取って考えるのではなく、そうした様々な活動との関連の中で捉える必要がある。また、小学生の実態を具体的に理解することで、高校生からのアプローチだけではなく、小学生からのアプローチもあり得るという視点を持つことが期待できる。この視点は、小学生に対してだけではなく、小学生以外の子どもや一般市民との関わりの在り方を考えることにも援用できる。学校の設立経緯などを勘案すると重要なポイントである。

　次に、セグメント数全体に占める割合が4割を超えたカテゴリー「小学生との交流からの気づき」の結果をコードマップ（図2）から分析・考察する。

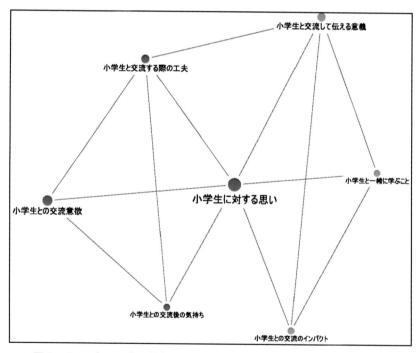

図2　カテゴリー「小学生との交流からの気づき」のコードの関係

　「小学生との交流からの気づき」には、「小学生に対する思い」「小学生との交流意欲」「小学生と交流して伝える意義」「小学生と交流する際の工夫」「小学生との交流のインパクト」「小学生との交流後の気持ち」「小学生と一緒に学ぶこと」の 7 つのコードがある。コードマップから、「セグメント内のコードの交差」に関して、「小学生に対する思い」は 6 つのコード、「小学生と交流して伝える意義」「小学生と交流する際の工夫」は 4 つのコードと交差しており、「小学生との交流からの気づき」を考察する上で重要になる。

　専門学科での学びを他者に伝えるためには、具体的な内容はもちろん、なぜそれを学ぶ必要があるのか、自分の言葉で説明することが求められる。小学生と交流するとなれば、身近なことと関連づけること、具体的な例を示すことなど、様々な工夫が必要となる。これは、高校生が、「教えられる」立場から「教える」立場に変わることで初めて実感できることである。地域社会の活性化のために果たす高校生の役割は様々あるが、高校生が主体的に指導的立場になって進めることができるという意味で、小学生との交流は看過できない。

４．まとめ

　日本の青少年は、社会参画意識に関して、自分自身の社会への関与によって変化・影響があるという認識がある一方で、積極的に関わろうという気持ちには至っておらず、アンビバレントな状態であることがわかった。また、体験活動については、学校で取り組まれている活動が学校を離れた実社会での活動につながっていないこと、自己完結的な活動への取り組みに比べて社会還元的な活動が低調であることも示された。社会参画意識を深める・究める体験活動にするためには、学校完結的・自己完結的な学びから脱却して、他人事ではなく自分事として捉える意識を持つこと、加えて、その意識をいかに実践に結実させるかが重要である。阿木高校の実践は、そのポイントを押さえたモデルケースとして位置づけることができる。

　そうした取り組みのために必要なことが、地域アイデンティティの確立である。児童生徒自身の居住地と学校の所在地が同一市町村でないことがある。公立小学校・中学校は一致することが多いと思われるが、高等学校や私立学校では異なることがある。実際、阿木高校では、学校所在地である中津川市出身の生徒は 46

名（43.4％）で半数に満たない。ただ、児童生徒にしてみれば、どちらも自分にとっての地域であり、生活・学習の場であるが、地域の現状・課題は必ずしも一致するとは限らない。そこで、地域を素材に学習を展開するためには、自分の住んでいる地域なのか、学校のある地域のことなのか、ここを明確にすることが不可欠であり、その明確化により深める・究める方向性も具体的に見えてくる。阿木高校の実践は、教員の勤務年数が比較的長く、学校所在地域について熟知し、地域住民との良好な人間関係が構築されていることを背景に、生徒自身の地域アイデンティティも確立されているからこそ成立していると捉えることができる。

　地域アイデンティティの確立は、児童生徒はもちろん、阿木高校のように教員にも求められる。異動がある公立学校の教員の場合は特にそうである。見方を変えれば、児童生徒理解と同様、教員は定期的に地域アイデンティティを更新していると捉えることもできる。様々な地域の抱える現状・課題の共通性・独自性を実感している面もあると思われる。そうした蓄積を基盤にして、現前の地域をより広く・深く社会を捉え、社会参画意識を深める・究める体験活動を児童生徒と共に展開することが期待される。

〈引用・参考文献〉

1)https://www.oecd.org/education/2030-project/about/documents/OECD-Education-2030
　-Position-Paper_Japanese.pdf

2)2017 年・2018 年告示版学習指導要領における社会参画の記述について、中学校「特別の教科　道徳」の「指導計画の作成と内容の取扱い」、高等学校「公民」の公共や政治・経済にも社会参画の記述があるが類似表記のため割愛した。また、高等学校の主として専門学科で開設される体育（スポーツ総合演習）にも記述があるが、各学科共通ではないため記載しなかった。

　なお、特別支援学校の「特別の教科　道徳」（小学部・中学部）と「特別活動」（小学部・中学部・高等部）については、小学校学習指導要領・中学校学習指導要領・高等学校学習指導要領の該当の章に示すものに準ずるとされており、特別支援学校に関しても記述がある。

3)次の 3 つの調査結果を整理した。

　内閣府政策統括官（共生社会政策担当）（2014）「我が国と諸外国の若者の意識に関する調査（平成 25 年度）」（以下、2013 年調査）

内閣府政策統括官（共生社会政策担当）（2019）「我が国と諸外国の若者の意識に関する調査（平成 30 年度）」（以下、2018 年調査）

国立青少年教育振興機構（2021）「高校生の社会参加に関する意識調査報告書－日本・米国・中国・韓国の比較－」（以下、2020 年調査）

3 調査共通の設問を表 2-1、表 2-2 に示した。2013 年調査・2018 年調査は、「そう思う」「どちらかといえばそう思う」「どちらかといえばそう思わない」「そう思わない」「わからない」の 5 件法（表中は「そう思う」「どちらかといえばそう思う」の合計値）、2020 年調査は「全くそう思う」「まあそう思う」「あまりそう思わない」「全くそう思わない」の 4 件法（表中は「全くそう思う」「まあそう思う」の合計値）である。また、調査対象に関して、2013 年調査・2018 年調査は 13～29 歳、2020 年調査は高校生である。

数値の読み取りについて、リッカート・スケールと調査対象年齢に違いがあることについて留意する必要がある。

4)表 5 の記述は、小学校学習指導要領の記述をベースにしている。中学校・高等学校は表現が多少異なる部分があるが大差はない。また、特別支援学校は、小学部・中学部の記述をベースにしている。

なお、体験活動であるが、○○体験活動（就業体験活動、自然体験活動など）の表記は除き、体験活動だけで単独で表記されている部分を明示した。

5)表 6 のデータは次の 2 つの調査結果を示したものである。

文部科学省（2019）「平成 30 年度公立小・中学校等における教育課程の編成・実施状況調査　調査結果」

文部科学省（2016）「平成 27 年度公立高等学校における教育課程の編成・実施状況調査の結果について」

後者に関して，調査実施時の名称は総合的な学習の時間であったため、本文中もその表記に合わせた。

6)表 7 のデータは、前掲 3)の 2020 年調査のもので、設問「最近 1 年間参加したことがある（現在、参加しているものも含む)」に対する回答である。

7)中津川市立阿木高等学校「令和 2 年度　学校要覧」及び校長先生からの提供資料（2021 年 8 月 27 日拝受）を基に整理した。

8)校長先生からの提供資料（2021 年 10 月 6 日拝受）及び後述するインタビューに同席していただいた教員からの補足説明（2022 年 2 月 25 日拝聴）を基に整理した。

9) 生徒 2 名は農業クラブの一員でもある。

農業クラブは、「学習指導要領にも明確に位置付けられている、農業高校における学習活動である。農業クラブは、1948 年に学校農業クラブ（SAC：School Agriculture Club）として、戦後の新制高等学校の学習活動の中で、農業高校生の自主的・自発的な組織として日本全国で誕生した。1950 年に全国組織として、日本学校農業クラブ連盟【Future Farmers of Japan、略称：FFJ】が結成され、以来、学校農業クラブでは、自主的・主体的な活動を通して「指導性」「社会性」「科学性」を育成することを目標にしている。農業クラブの主な活動の一つであるプロジェクト活動は、課題を設定し、その解決に向けて研究に取り組むことで、課題解決能力や自発的、創造的な学習態度を育成することをねらいとしている。農作物の栽培方法や家畜の飼育方法の改善に関する研究や地域の農畜産物を原料にした商品開発、地域資源の活用など各学科の特色を生かした研究を、地域の農家や企業、大学、研究機関と連携しながら実践している。」とされる（鈴木憲治（2021）「産業教育のページ　高等学校における農業教育」『中等教育資料』学事出版、91 頁）。

10)佐藤郁哉（2008）『QDA ソフトを活用する　実践質的データ分析入門』新曜社、37-38頁

11)"六斎市"とは、中山道（中津川市の本町・新町通り）で毎月第 1 日曜日に開催される地元ブランド商品などが販売される市場である。高校生は販売実習の一環として参加している。また，学校行事（勤労生産・奉仕的行事）としても位置づけられている。

付記

本研究は JSPS 科研費 21K02613 の助成を受けて実施した研究成果の一部である。また、本研究の成果は筆者自らの見解等に基づくものであり、所属研究機関、資金配分機関及び国の見解等を反映するものではない。

第9章　口頭フィードバックの技法を深める・究める
—J. ハッティの学習の可視化研究の知見から—

原田　信之

　授業は、教師と子ども、子ども同士の関係性の中で繰り広げられていく相互作用的なやりとりを通じ、ゴールイメージとして描かれた明確な目標に向かいながら問題解決に取り組む一種のコミュニケーション的な学習活動が展開される場である。この授業の中で繰り広げられるコミュニケーション活動をダイアローグ（相互作用）として位置づけ、対話の「三位一体論」として提唱したのが佐藤学である。この佐藤（2006、15、36頁）による対話の三位一体論では、学びを①対象世界との出会いと対話（文化的実践）、②他者との出会いと対話（対人的実践）、③自己との出会いと対話（自己内実践）、という3方向の「出会いと対話」のスペクトルを一元的にとらえ、その実現により編み出されるのが「対話的実践による協同的な学び」であるとする[1]。このように主体的・対話的で協同的な学びのプロセスを質的に高め、それを深い学びへと架橋することが求められている。

　ゴールイメージとしての深い学びは、「学んだ知識を相互に関連付けたり、構造化したり、あるいは、新たな問題を発見したり、原理を使って解決して、物事を深く理解するような学び」（安藤2018、13頁）として捉えられている。しかし、このような深い学びはリニアル（直線的）には到達しにくいため、教師は学習目標と子どもの学びの現状との間に発生するズレや隔たりを把握し、そのズレや隔たりを縮める形成的な手立てをとることで学習活動を前進させている（同19頁の図を参照）。その学習活動を前進させる有力な手立ての一つが「フィードバック」であり、このフィードバックには、いわゆる学び合いと称される学習過程において行われる学習者間のピア・フィードバックも含まれる。

　本章では、最初にハッティの学習の可視化研究に基づき、フィードバックの教育効果を確認したうえで、先行研究により導き出されたフィードバックの課題を指摘する。次に、学習目標と子どもの学びの現状との間のズレや隔たりを縮めるのが口頭フィードバックであるが、このフィードバックの効果にはばらつきが生じやすいことが指摘されている。そのため、マイナスに作用する場合の原因はど

こにあるのか、その所在を明らかにする。最後に、正の効果を示すフィードバックの特色とそれを効果的に実施するための教育方法上の方略について論じる。

1. 学習の可視化研究が明らかにしたフィードバックの効果

　これまでのメタ分析[2]（2008 年時点では約 800 件、近年は約 1400 件）の結果をさらに系統的に再統合したジョン・ハッティ（J. Hattie)は、学力に影響を及ぼす教育要因についてメタ・メタ分析の結果を公表したことで知られている。この学習の可視化（学びの見える化：visible learning）研究の成果によると、教師や学校が取り組むほぼすべての教育要因にマイナス作用はなく、大なり小なりのプラス効果を有するという。この結果が示唆していることは、「私たちが学習者に対して行うことの 90〜95％は学習者の達成度を高めている」（ハッティ＆チィーラー 2021、19 頁)という認識をもつことの重要性である。教育行為は子どもたちを伸ばそうとする前向きで善意的な働きかけであることから、低い効果のものはあっても、マイナスに作用する（悪影響を及ぼす）ものは少ないということである。そうであるからこそハッティは、子どもの学習に最も作用するものは何かという視点をもつことの重要性を説き、学習効果の見える化を試みたのである（同 290 頁参照）。このような立場から学習の可視化研究では、効果量 0.4 を境界点（hinge point）とし、効果量 0.4 以上のものを効果の高い要因とした。

　ハッティの学習の可視化研究に基づくと、フィードバックの効果量は、境界点である 0.4 を大きく超えた 0.75 であり、学力への影響要因 150 のうちの上位 10 位に位置し、極めて高い教育効果を示している[3]。彼はフィードバックという教育行為自体が学力に大きな影響を与える要因であることを突き止め、「学力に対して大きな影響を与えるプログラムや指導方法のほとんどがフィードバックを多く与えるものである」（ハッティ 2018、169 頁）として、優れたプログラムや指導方法の多くには、フィードバック的なやりとりが組み込まれる傾向にあることを指摘した。

　フィードバックに関する学習の可視化研究のデータは、1310 件の一次研究（対象者数 6 万 7931 人）を含む 25 のメタ分析を系統的に再統合したものであるが、それはあくまで平均値としての効果量を示しているにすぎない。そのため再統合前の個別研究に目を落とすと、フィードバックの効果には、高低のばらつきが散

見されることがわかる。これについてはハッティ自身も、フィードバックは「学習における極めて強力な調整要因である一方、その効果の変動性（ばらつき）も極めて大きい」（ハッティ 2017、173 頁）と認識している。これは「フォードバックは七変化する」（Hattie & Clarke 2019, p. X）と表現した言葉からも確認できる。つまり、「フィードバックの約 3 分の 1 は否定的なものであり、同じフィードバックでもある状況では強力だが、別の状況ではそうならないのはなぜなのか」（同）と疑問を投げかけているのである[4]。口頭フィードバックは、ゴールイメージとしての目標に到達させるのに有力な調整手段であるが、その効果には大きいものも小さいものもあり、時にはマイナスに作用するものもあることからすると、その効果量の分散原因の認識は、教育方法上の実効性を高めるためにも重要なことである。

2．フィードバックのマイナス要因はどこに

　フィードバックの効果量の分散原因を探るために、1310 件の一次研究を統合した 25 のメタ分析に立ちかえることにする。

　まず、スタンドレーの「教育/治療目的の強化としての音楽の効果に関するメタ分析」（1996）に示されたフィードバックの効果量は 2.87、リサコヴスキー＆ウォルバーグの『教室での強化学習』（1980）に示された効果量は 1.17、ウィットらの「教師の即応性と生徒の学習との関係：メタ分析」に示された効果量は 1.15、スワンソン＆ルシア「ダイナミックなアセスメントに関する実験的文献の選択的統合」（2001）に示された効果量は 1.12 と極めて高い結果を示している。一方、スーザン・ウィルキンソン『教師の賞賛と生徒の学力の関係性』（1980）に示された効果量は 0.12、賞罰を影響要因として分析したゲッツィーらの「子どもの識別学習におけるフィードバックの種類と組み合わせの効果に関するメタ分析」（1985）に示された効果量は 0.14 など、効果がわずかしかないものが含まれていることがわかる（ハッティ 2017、付表 B「900 超のメタ分析結果」参照）。

　そもそもフィードバックとは、「課題に関する現状の理解と目標とされる理解の程度との間の隔たり (gap) を埋め合わせるために提供される情報」（Hattie & Clarke 2019, p. 3）のことである。この課題に関する現状と目標（達成規準）との間の「隔たり」を埋め合わせるために差し向けられる指導行為に着目したのは

ランプラサードである。ランプラサードは、「フィードバックとは、あるシステム要因の現状レベルと参照レベルとの隔たりに関する情報であり、その隔たりを何らかの方法で修正するために使用されるものである」（Ramaprasad 1983, p. 4、山本 2015、p. 14 も参照）とした。

　学習目標に近づけるために提供される情報がフィードバックであるとすると、それを受けとる生徒側は、教師からどんな情報が与えられることを期待しているのだろうか。それは、「次回にさらによくできるように、活動をどのように改善すればよいのか」（ハッティ＆イエーツ 2020、102 頁、引用文中の傍点省略）がわかるような情報であり、これは学習目標との隔たりを埋め合わせ、目標に接近していくのに有意な情報のことである。

　ハッティによれば、生徒の側はうまくいかなかったことややり残したことがあったとしても、その過ぎ去った過去のことを考えるよりも、「次はどこに向かえばよいのか」という未来志向のマインドに向きやすいという（同 102-103 頁参照）。反対に、生徒が望まないのは「不必要に長たらしく、個人的に傷つけられるように感じる批判」（同 102 頁）である。教師側からすると、生徒の誤認や間違いを修正するのに有益な情報を与えているつもりの言葉、すなわち、教師には有益な批判的フィードバックのつもりであることが、「生徒の目には個人的で勝手な評価と映ってしまう」（同）ことがあるという。ここで考えるべきは、生徒の誤認や間違いは数が多いうえに目立ちやすく、教師側からすると可視化しやすい（取り上げやすい）ということである。そこで注意しなければならないのは、「教師はあたかも負のフィードバックを通してその情報が獲得されるかのようにしばしば振舞ってしまう」（同 103 頁）ことである。つまり、教師から生徒への口頭フィードバックは、意図的ではないとしても、誤認や間違いをあげつらうのと大差ないような言葉を生徒に返していることもあり、繊細に扱うべき教育行為といえる。

　このように言葉のマッチングの問題があることから、効果の低い口頭フィードバックの特徴をよく把握しておく必要がある。効果の低いフィードバックの第 1 は、学習過程に関する情報が含まれず、性格的な習性(personality traits)に焦点化されたフィードバックである（ハッティ＆チィーラー 2021、155 頁）。これは、「おっちょこちょいを直さないといけないね」「もっと集中して（落ち着きのなさ）」、「よく見て（注意散漫さ）」など、誤認や間違いの原因を個人の習性に帰

してコメントを返すものである。この種の批判的フィードバックは、「学習教材や学習者が犯した間違いにではなく、学習者の性格に向けられるため、否定的な自己概念」（同）を形成しかねない。否定的な自己概念が形成されると、できないモードの負のスパイラルに陥ってしまうことがあり、学習の進展を妨げるだけでなく害にさえなりかねない。

　効果の低いフィードバックの第 2 は、学習者が必要とせず、学習者にとって重要でないフィードバックが頻繁に提供されることである。表 1（同 160 頁）は、課題レベル、プロセスレベル、自己調整レベル、自己レベルという 4 種類のフィードバックが占める割合を示した 3 つの調査研究の結果を示している。この 3 つの調査結果には、概ね同じ傾向を読みとることができる。いずれも課題レベルのフィードバックが多く、自己調整レベルのフィードバックが極めて少ないという傾向である。

　例えば、学習者が同じ間違いを繰り返したときに、間違えたという事実を再度聞かされることにはほとんど意味がない。ここでは、「なぜその間違いを続けているのか、この先どのようにすれば間違いを避けられるのかについての具体的な情報を生徒に与える必要がある」ことから、「課題レベルで多くのフィードバックを提供しても」それほど影響を与えることにはならないということである（同）。この例では、「プロセスや自己調整レベルでのフィードバックと組み合わせた場合にのみ、実質的な影響は生じる」（同）ので、自己調整して学習を前進させられるようなフィードバックの組み合わせ方略を用いる必要がある。ここでの秘訣は、「適切なレベルでフィードバックを提供し、生徒の学習に合わせてレベルを上げるこ

表 1　フィードバックの種類と頻度（ハッティ＆ティーラー 2021）

	Hattie & Masters (2011)	Van den Bergh, Ros, & Beijaad (2010)	Gan (2011)
	18 の高等学校の学級	32 の中学校の教師	同僚 235 人
課　題	59%	51%	70%
プロセス	25%	42%	25%
自己調整	2%	2%	1%
自　己	14%	5%	4%

と」（同161頁）、すなわち、発達の最近接領域（＝チャレンジゾーン）（Hattie &
Clarke 2019, p. 14-15）への働きかけに重点化することである。

　第3は、外的報酬（賞罰）を含むフィードバックである[5]。外的報酬が負の影
響を及ぼすことが多いのは、「自分自身の動機づけを高めようとしたり自己調整を
したりすることが他律的なものとなる」（ハッティ2018、172頁）からである。そ
のため、外的な報酬が課題実行の成績に及ぼす効果量は-0.34、生徒が興味を抱い
ている課題に対して物的な報酬が与えられた場合に内発的動機づけに与える効果
量は-0.68、やるべきことだからしなさいなどとフィードバックが管理的に行われ
た場合の効果量は-0.78である（同参照）。ご褒美シールや賞などが結果として負
の影響を及ぼすのは、フィードバックに課題解決の結果への成功報酬のようなも
のが含まれていると、それにより煽られた競争心を動機づけとして行われるから
である。また、「やるべきことだからしなさい」と管理的にフィードバックが投げ
返された場合にも、監視が強められる感覚を伴うために、問題解決への取り組み
が他律的なものに切り替わりやすい（同）。

　第4に、判然としない抽象的な言葉で返されるフィードバックである。例えば、
「よく頑張りました」「よくできました」は、努力を称える肯定的応答だと一般に
理解されている。これに対しハッティは、「褒めないより褒めたほうがよい」の考
え方には、「スキナーの心理学、行動変容、賞賛は罰よりも高い効果があるという
（誤った）見解が混在している」とし、人は賞賛を受けると多くを学び、自尊心
を構築し、維持するには継続的な賞賛を必要とするとの考えは誤認だと指摘して
いる（ハッティ＆イエーツ 2020、107頁）。賞賛は、やらせたい方向に差し向け、
活動し続けるよう仕向けることはできるが、学ぶことの支援にはならない（同参
照）、というのである。賞賛は、「『良い子』『あなたはとても賢い』といった露骨
な表現を含む公開ショー」が暗示するヒドゥンカリキュラムとして機能しかねな
いとして、生徒たちは暗黙のうちに「教師が大げさに賞賛していることを学んで
いる」（同108頁）というのである。このような、またかという感覚を伴う大袈裟
な誉め言葉に慣れてしまうと、賞賛という強化がなされない場では、むしろ努力
することをやめてしまう子どもの姿が見られるようになる。これでは「粘り強さ
や自己統制に欠け、…即効的な満足に慣れ」てしまい、結果として、「よいと考え
る何かを子どもや生徒がするたびに賞賛を与えなくては」ならなくなるという悪

循環に陥ってしまう（同）。

　こうした賞賛の逆進性については、マインド・セットの研究で有名なキャロル・ドゥエックの指摘も同様に示唆的である。彼女によれば、いくつかの実証的研究において、「早い時期により簡単な作業でうまくできたと賞賛された後に、問題解決に対する幼児の粘り強さが減退することが確認された」（同 109 頁）という。こうなるのは、「より簡単な作業のときに、…生徒を賞賛することは、状況が本当に困難になったときにこそ払うべき努力に破滅的な作用をもたらすかもしれない」（同）からである。これは、簡単なことで褒められることに慣れてしまうと、できそうな（賞賛が得られそうな）ことだけに選択的に取り組み、困難な状況でできない自分を見せてしまうかもしれないリスクを避けるようになる（できそうにないことはやらなくなる）という理屈である。

　ハッティの主張は、「決して賞賛を与えるな」ということではない。「賞賛は生徒に歓迎されるものである」が、「賞賛とフィードバックを与える過程とを混同してはならない」（同 111 頁）という原則を論じているのである。生徒が求めているのは「目標に到達するのに必要な情報のフィードバック」（同）である、という揺るぎない視座をもつことの重要性である。

3．フィードバックを効果的に実施するための教育方法上の方略

　フィードバックの効果については、「研究の活用から実践へ」という副題を付した OECD 教育研究革新センター編著『学習の本質』（邦訳版 2013）でも取り上げられている。同書においてフィードバックという言葉は、「ギャップを変化させる力があるかどうかにかかわりなく、学習者のパフォーマンスについて学習者へ伝えられる何らかの情報」として用いられているが、「生産的な方法で生徒の将来の行為」を指し示すものでなければならないという条件を付している（OECD 2013、162 頁）。ここでいう「生徒の将来の行為」とは、先に生徒の未来志向の傾向性として指摘した「次はどこに向かえばよいのか（where to next）」に相当するとみられる。

　しかし、フィードバックへの理解を深めるのに最も大事な点は、隔たりを埋め合わせる情報を与えたり、指し示したりする技法という意味の範囲から抜け出し、フィードバックが与えられなくてもできるように育て上げる主体的学習者育成の側面をクローズアップすることである。つまり、フィードバックの射程を教育的

側面としての学習の自律性の発達促進にまで拡張して捉えることで、「生徒が学習の自己調整スキルを発達させるようにして、…フィードバックの必要性がなくなるようにすること」（同 163 頁）までを射程に収めることである。

　これには、教授・学習の相互作用に埋め込まれた「足場かけ（scaffolding）」の考え方が含まれている。これは、問題解決に取り組む子どもに対し、親や教師は、主に対話を通して子どもの学習を促進するやりとりを行うなどして、遂行の手がかりを与えるような支援のことを指す（三宮 2008、5 頁、46 頁参照）。その後、やりとりされた言葉が「しだいに内面化されて、自己内対話による問題解決が行われるようになる。足場は少しずつはずされ、最後には不要になる」（同 5 頁）。この状態を「足場はずし」、つまり「フィードバックの必要性がなくなる状態」と考えればよい。これについては学習科学の立場からソーヤーも、生徒が学習能力を獲得する過程で「時間とともに足場を外すフェーディングを行う」（ソーヤー2018、48 頁）ことの大切さを説いている。このフェーディング[6]を重視するのは、「学習者が発達の最近接領域で行為するだけでなく、支援がだんだんなくなるにつれて自分の能力を拡大する機会を持つことを確実にする」（同）ためである。これは、注意深くセルフ・モニタリングを心がけているときですら、「自分のミスにはなかなか気づきにくい」ものであり、「ミスのすべては発見できない」というのが学習の本質であり、だからこそ「的を絞ったフィードバック、外部からの判断をしてくれる他者が必要なのだ」（ボーザー 2018、149 頁）というのがボーザーの主張であり、支援者不要論を説くものではない。

　しかし、外部から判断をしてくれる他者（教師・仲間）が必要だとしても、教師が与えるフィードバックの多くは「学級全体に向けられ、そのほとんどをどの生徒も受け取っていない」（カーレス）という、フィードバックが「黙殺（ignore）」[7]されることの問題が指摘されている（ハッティ 2017、185 頁）。この問題は、学級全体に向けられたフィードバックの場合、多くの生徒がそのフィードバックを自分のこと、もしくは自分に関係することと捉えておらず、自分以外の誰かに発せられた情報として、つまりは他人事として聞き流しているため、教師の言葉（フィードバック）が素通りしてしまうことによるものである。

　ここには 2 つのミスジャッジが介在していると考えられる。第 1 に、生徒が課題への取り組み方を改善するのを支援する具体的なフィードバックを 70 パーセ

ントの教師が与えていると主張する一方、それに生徒は 45 パーセントしか同意していない（同 186 頁）、という生徒と教師の認識のずれの問題である。第 2 は、既述の「教師には有益な批判的フィードバックのつもりであることが、生徒の目には個人的で勝手な評価と映ってしまうこと」（ハッティ＆イエーツ　2020、102-103 頁）である。前者は、教師と生徒の間の伝わり感の差について、後者は、与える側と受け取る側との間のフィードバック情報に対するギャップについて指摘したものである。後者については、教師側からすると、間違いの指摘や同じ過ちを繰り返させないようにするための厳しめの注意だと思って与えたフィードバックが、生徒の側からすると、個人的に傷つけられたように感じることがあり、この境界は、生徒がそこまでに注いだ「努力がある程度の敬意をもって扱われ」ているかどうかにあるという（同 102 頁参照）。

　外側から判断をしてくれる他者が同階層（クラスメイト）の場合には、ピア・フィードバックと呼ばれる。ピア・フィードバックでは、自身の発言や行動に対し、リアルタイムで多方面からの視点が得られるとされているが、ここにも重要な問題が指摘されている。ナットホールは、「学習者が互いに与え合うフィードバックのほとんどは正しくない」との見解を示している[8]（ハッティ＆チーラー 2021、169 頁、ハッティ 2017、186 頁参照）。この疑念に対するハッティらの見解は、生徒たちが「フィードバックを与えることを学ぶ必要がある」（ハッティ＆チーラー 2021、170 頁）というものである。これは 1992 年に M. ジェームズが提案した「学習のためのアセスメント（Assessment for Learning）」（OECD 2013、176 頁）に通じるものである。すなわち、フィードバックを教え合い・学び合いの教育方法として捉えると同時に、フィードバックの与え方を学ぶこと、換言すれば、学習を前進させるフィードバックとはどういうものなのか、その極意を教育内容として学ぶことを意味すると考えてよいだろう。

４．効果的なフィードバック

　教授・学習の相互作用に埋め込まれた「足場かけ」としてのフィードバックについては先ほど述べた。この学習を促進させる「足場がけ」として機能するフィードバックにはどのような特徴が認められるのだろうか。それを解く鍵は「手がかり（prompt）」である。

この場合の手がかり（プロンプト）とは、「子どもの行動を促すきっかけになる刺激」や「子どもたちから期待する反応を引き出すための手助け」のことを指す（スタジオそらHPより）。ここからも推察できるが、「生徒が課題を完成するのを手助けするようなきっかけ、ヒント、示唆、リマインダーさせたりガイドしたりするような問いかけ、文頭の書きだしの言葉」（ハッティ2017、200頁）といった意味で捉えられている。例えば、「この〜の1つの例は…」、「〜がよいという他の理由は…」、「〜についての説明をすると…」など、リード文的なサジェスチョンとして示されることもある。

　こうしたプロンプトは、「学習プロセスを支援し情報を与えて学習者を助ける足場づくりの道具として働く」（同201頁）という。この教授・学習のコンテクストの中で提供されるプロンプト（手がかり）は、「学習者の手続き的、認知的、メタ認知的な技能を育てる」ことをめざすものであり、「新しい情報や修正のための情報を与え、生徒がすでに知っている代わりとなる方略を呼び起こし、新しい学習方略を試すことに」向かわせる働きをすることから「方略活性因（strategy activators）」として位置づけられている（同201頁参照）。つまり、「問題解決方略や探究プロセス、自己説明といった自らの学習のアプローチの仕方をモニターし、頭に映し出した手がかり」（同201頁）として方略活性因を使えるようになるということである。

　課題レベルの学習からプロセスレベルの学習へ、そして自己調整レベルの学習へと次第に学習を深化させるにつれ、「手がかり」の方も変えていく必要がある。ここが変わらないと、せっかくのフィードバックを与えても効果的ではなく、いわゆる「学習のはい回り」状態のループに陥らせやすい。問題解決学習が進展せず深まりもしないで、子どもたちをはい回らせてしまうのは、学習状況に応じてプロンプトのモードを探究型のスイッチに切り替えるところがうまくいってない場合に起こりやすいからである。

　フィードバックが効果を発揮するのは、目下の到達レベルと達成しようとしているレベルとの間の隔たりを埋めようとしているときである。このときのフィードバックは、大きく3つの問いに集約されるとハッティは考えている（図1参照）。それは、第1に「どこに向かっているのか」（目標）＝フィードアップ、第2に「どのようにして向かっているのか」＝フィードバック、第3に「次はどこに向かえ

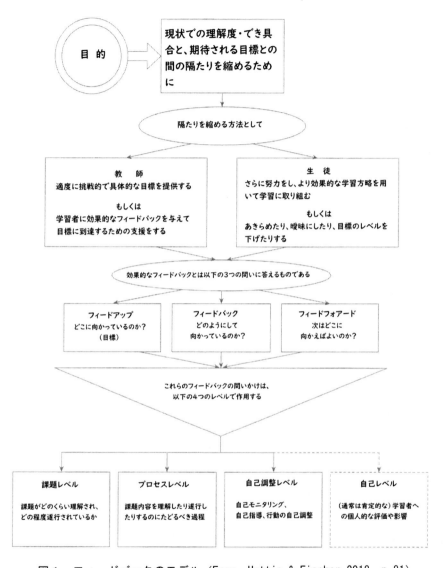

図1　フィードバックのモデル（Frey, Hattie & Fischer 2018, p.81）

ばよいのか」＝フィードフォワードである。ここで注意を要するのは、学習にチャレンジしようという状態にない場合にフィードバックは「ほとんど価値がないもの」になってしまうだけでなく、フィードバック（ヒント）が与えられるまで待つというフィードバックに依存する習性を強化してしまうこともありうるということである（ハッティ 2017、177 頁、ハッティ＆チィーラー 2021、164-166 頁参照）。

　第 1 のフィードアップは、目標や達成規準にかかわる。ここでのポイントは 3 つある。一つは、課題をやり終える、課題にきちんと取り組むなど、取り組む姿勢を目標に据える生徒は少なくないが、内容の理解や技能の習得など、評価規準としての習熟の具体的な姿をイメージしながら学習に取り組める生徒は多くないということである（ハッティ 2017、176 頁参照）。これは日本では「学習のめあて」の指導と表現されるところであり、評価規準の具体化・共有化の指導といってよいだろう。他方、生徒側は、課題を最後までやり終えること、時間をかけて取り組むこと、一生懸命さなど、結果はどうあれ、取り組んだ姿勢を評価してもらいたいというマインドが働きやすく、学業としてのアウトカムに直視することの難しさがある。これについて、ハッティは、「どうやって目標と目標に向けての進歩を生徒が毎日モニターするように促すか」、「生徒と目標について語ることがうまくいっているかをモニターする」ことを教師に求めている（同）。生徒には自己の進歩を個人内評価としてモニターさせるようにして、それを教師が生徒と語ることで生徒にメタ認知させることを説いている。これが二つめのポイントである。三つめのポイントは、「予想よりわずかでも高い到達目標を設定」（同）することであり、学習への適度なチャレンジ状態をつくることである。

　第 2 の「どのようにして向かっているのか」の問いに象徴されるフィードバックの要所として、以下の 5 つが示されている（ハッティ 2017、178 頁、訳の一部を改変）。

①学習のねらいや達成規準の判断基準を明確に示したり共有したりすること
②学級での話し合い、発問、学習課題が効果的になるよう設計すること
③学習者を前に進ませるようなフィードバックを与えること
④生徒自身が学習のオーナーだと思えるように励ますこと
⑤生徒が互いに教えあう情報を提供しあえるようアクティブにすること

　これらに対しては、必要であればその場で間髪入れず即時に入れる形成的アセスメントを展開することが有効だとしている。

　生徒の側からすると、第 3 の「次はどこに向かえばよいのか」の問いに集約される、未来志向のフィードフォワードを圧倒的に好む傾向にあるという（ハッティ＆チィーラー 2021、154 頁参照）。この問いは、生徒が「次に行うべき最も適切な挑戦を選ぶ」ことの支援に重点がおかれる。できる限り、それを生徒自身で選択できるように導くところがポイントになる。フィードフォワードとは、生徒の自己調整を促したり、スムーズに自動的にやれるようにしたりすることである。また、別の方略や別の進め方について視野に入れたり、すでに何を理解していて、まだ理解していないことは何かを判断したり、より深く理解するように導いたりするところが要所になる（ハッティ 2017、178 頁参照）。

　図 1 の最下段に示された課題レベル、プロセスレベル、自己調整レベル、自己レベルという 4 種類のフィードバックの分布は、表 1 の通りである。上記 3 つのフィードバックは、これら 4 つのレベルで作用するものであるが、学習の進展とともにレベルの照準化が効果の高低を決定づける。この認識をもつ必要があるが、分布をみると、課題レベルに照準を合わせたフィードバックが群を抜いて多い。「生徒が内容に習熟している場合は、課題レベルのフィードバックを与えることに、ほとんど情報的価値がない」（同 189 頁）ことからすると、「初心者から有能になるという進歩の中での生徒の位置と、フィードバックのレベルを確実に関連づける」（同 187 頁）ところ、すなわち、フィードバック・ターゲットの照準化が重要になる。

5．フィードバックを究める

　ハッティの学習の可視化研究からすると、ジグソー法（d=1.20）、学級での話し合い（d=0.82）、足場かけ（d=0.82）などとともに、フィードバックの教育効果は確かに高い。だからといってすぐさま、教育実践にフィードバックを組み込み、「フィードバックを多く与えたとしても学力の飛躍的な向上は期待できない」（ハッティ 2018、29 頁）ことは、ハッティ自身が指摘している。これは、授業は様々な要因が複合的に作用しているので、効果量が高いからといって、単純にフィードバックの量を増やすことは良策でないことを意味する。フィードバック

を十全に機能させるのに重要なのは、学級の雰囲気であり、間違っても他者を真似てもあげつらわれることなく、それが許容される学級風土の形成であるし、適度にチャレンジを含む目標の設定も欠かせない（同30頁参照）。フィードバックは、「生徒が熟練・習熟していないために、間違いや不十分な知識・理解が頻繁に起きるときに最も効果的である」（ハッティ2017、189頁）というのがその理由である。だからこそ「失敗することに伴う個人のリスクが低いような教室の雰囲気が重要」（同）なのである。

　授業方法・技法を突き詰めたいのであれば、複合的・総合的に学習を前進させる要因を理解すること、すなわち、コンピテンシーとマインドフレームの両方の理解を深める必要がある（ハッティ＆チィーラー 2021、273頁参照）。技法を実行する技術力（コンピテンシー）を高めるとともに、「教師とは何たるかについての考え方を変える必要がある」し、「学習者とのやりとりや配慮のしかたをこれまでと変える」（ハッティ2018、29頁）必要がある。ここが技法を究める要所であり、ある教育行為を奥底で支える、ものごとに対する見方や考え方、とらえ方、信念（ビリーフ）の総称としてのマインドフレームにハッティがこだわることの意味もまたここにあると言えよう[9]。

　その「フィードバックを提供する人が正しいマインドフレームをもっているかどうか」（ハッティ＆チィーラー 2021、170頁参照）のマインドフレームとは、ハッティが『教師のための教育効果を高めるマインドフレーム』（邦訳版）に示した10のマインドフレームのことであり、特にその第6のマインドフレーム「私は生徒にフィードバックを提供して理解できるように支援し、私に与えられたフィードバックを解釈して行動する」に連なる一連の教授行為と教師の構えのことを指す。ハッティは、技法の技（わざ）としての側面と教育の現実に向き合う教師の構え（＝マインドフレーム）の側面の両面から自身の実践行為の省察を促している。その基本的スタンスは、フィードバックの技法においても貫かれている。

〈注〉

1) 原田信之（2021）「総合的な学習における三位一体の対話活動と深い学び」、日本学校教育学会編『学校教育研究』第36号、38頁。

2) メタ分析とは、「同一のテーマについて行われた複数の研究結果を統計的な方法を用いて統合すること、すなわち、統計的なレビューのこと」であり、系統的なレビューと呼ばれることもある（山田剛史、井上俊哉編（2012）『メタ分析入門』、1頁）。

3) ハッティ 2017年、330頁参照。2018年版のハッティランキングでは、効果量 0.70、ランキングは 252 の効果要因のうち第 32 位につけている。

4) ハッティは別の文献でも、「フィードバックの影響の分散がすべての教育的な影響の中で最も高いため、同じフィードバックが強力になったり有害になったりする可能性がある」ことを指摘している（ハッティ＆チィーラー 2021、153-154 頁）。クリュガーとデニシの研究（1996）でも、131 の研究中 50 の研究（38%）において、「フィードバックが実際に成績の平均値を引き下げた」と報告されている（OECD 2013、166 頁参照）。

5) ケッセルズ、ワーナー、ホール、ハノーヴァーの研究では、賞賛ありと賞賛なしのフィードバックを与えたところ、賞賛により取り組み方と努力の質が変化することを示した。カミンズとドゥエックの研究では、人物を賞賛すること（例：君は賢い女の子だ）とその人物の努力を賞賛すること（例：君は努力をするところが優秀だ）の効果を比較し、両者ともに効果がないか、否定的な効果が示されたことを明らかにした。また、ハイランド＆ハイランドの研究では、「教師によるフィードバックのおよそ半分は賞賛であり、早すぎる賞賛や根拠のない賞賛は生徒を混乱させ、見直しを妨げる」と述べている（以上、ハッティ 2017年、183 頁参照）。

6) ボーザーも「時間の経過につれフィードバックを次第に控え、学習者が頭を働かせ、理解を形成し、自分で答えを考え出すためにやることを増やすべきである」として、フェーディングの大切さを強調している（ボーザー 2018、150 頁）。

7) Ignore は「シカトする」の意味でも用いられることがある。

8) ナットホールの論文（2005）において、「教室の中で生徒が手に入れているフィードバックがたいてい他の生徒からのものであったこと、そして、それらのフィードバックのほとんどが間違ったものであった」として、この問題が指摘されている（ハッティ 2017、186 頁）。

9) ハッティは、熟練教師の実践知とメタ分析の統合的研究がもたらしたエビデンスとを統合させた進化形として示した 10 のマインドフレームの一つとして、「私は生徒にフィードバックを提供して理解できるように支援し、私に与えられたフィードバックを解釈して行動する」を挙げている（ハッティ＆チィーラー 2021）。

〈引用・参考文献〉

安藤輝次（2018）『みんなで「深い学び」を達成する授業』図書文化

OECD 教育研究革新センター編著（2013）『学習の本質』明石書店

佐藤学（2006）『学校の挑戦』小学館

三宮真智子編著（2008）『メタ認知』北大路書房

R.K. ソーヤー編（森敏昭、秋田喜代美、大島純、白水始監訳）（2018）『学習科学ハンドブック［第二版］第 1 巻』北大路書房

田村学（2018）『深い学び』東洋館出版社

ジョン・ハッティ著、原田信之訳者代表（2017）『学習に何が最も効果的か』あいり出版（一部訳出し直した箇所がある）

ジョン・ハッティ著、山森光陽監訳（2018）『教育の効果』図書文化（部分訳）

Hattie, John & Clarke, Shirley (2019): Visible Learning: Feedback. Routledge （ジョン・ジョン・ハッティ＆シャーリー・クラーク著、原田信之訳者代表『教育の効果：フィードバック編』法律文化社、近刊）

ジョン・ハッティ＆グレゴリー・イエーツ著、原田信之訳者代表（2020）『教育効果を可視化する学習科学』北大路書房

ジョン・ハッティ＆クラウス・チィーラー著、原田信之訳者代表（2021）『教師のための教育効果を高めるマインドフレーム』北大路書房

Frey, Nancy, Hattie, John & Fischer, Douglas (2018): Developing Assessment - Capable Visible Leaners, Grades K-12. Corwin

B.S. ブルーム、J.T. ヘスティングズ、G.F. マドゥス著（梶田叡一他訳）（1973）『教育評価法ハンドブック：教科学習の形成的評価と総括的評価』第一法規

Ramaprasad, Arkalgud (1983): On the definition of feedback. In: Behavioral Science, Volume 28, pp. 4-13

アーリック・ボーザー著（月谷真紀訳）（2018）『Learn Better』英治出版

山本佐江（2013）「形成的アセスメントにおけるフィードバックの探究：サドラーに基づく理論的検討を中心に」、『東北大学大学院教育学研究科研究年報』第 61 集第 2 号、pp.113-127

山本佐江（2015）「算数の問題解決の授業における形成的フィードバックの有効性の検討」、『日本教科教育学会誌』第 38 巻第 3 号、pp.13-24

第10章　進路指導・キャリア教育を深める・極める

三村　隆男

　キャリア教育が登場したのは 1999 年告示中央教育審議会答申であり、「キャリア教育(望ましい職業観・勤労観及び職業に対する知識や技能を身に付けさせるとともに、自己の個性を理解し、主体的に進路を選択する能力・態度を育てる教育)を小学校段階から発達段階に応じて実施する必要がある」と示された。答申中の（　）の部分は、前年の 1998 年に告示された中学校学習指導要領の総則に「生徒が自らの生き方を考え主体的に進路を選択することができるよう，学校の教育活動全体を通じ，計画的，組織的な進路指導を行うこと」とあるように、主体的に進路を選択する能力の育成において、それまでの進路指導と大きく変わるものではなかった。この時点ではキャリア教育は、語句として成熟した概念を持ち合わせていなかったと考えてよい。本答申で注目すべき点は、キャリア教育の起点を「小学校段階から」としたところにある。

　児童生徒の学校生活や職業生活への移行を支援する活動である進路指導・キャリア教育は、当初は職業指導とよばれていた。本稿では、職業指導から進路指導・キャリア教育への発展過程をたどり、これらの教育活動のもつ不易と流行の側面を検討することで進路指導・キャリア教育を深め、極めていくこととする。

1．職業指導の起源

　1901（明治 34）年の八幡製鉄所の操業開始に見られる重工業中心の第二次産業革命が始まると、工業人口の膨張は都市における求人の急増を生み職業紹介業が活況を呈した。こうした中で、特に年少者に対する支援の必要性を示す考え方が紹介された。1915 年、教育学者入沢宗壽が著書『現今の教育』でアメリカ合衆国における年少者への就業支援を示した vocational guidance を「職業指導」と訳した。同書では「児童をして職業を選ぶ上に指導を与えるものであるが、単に職業を紹介するのではなく、児童に自分の長所と世間の職業とを知らせて、選択の際に誤りのない準備を与える」（現代語訳）と紹介した。その後、職業指導は日本

の近代化に伴い、職業紹介をはじめとする社会事業及び小学校を始めとする学校教育において語句として定着、拡大していく。ただし、学校教育への職業指導の導入は円滑には進まなかった。その要因の一つを、当時の日本における職業意識と学校教育の対応を扱った部分で示す。1904(明治37)年に発行された『小学校事彙』第2版[1]であるが、その中で、「勤労を好む習慣を養成すること」に再三触れ「日本人は一般に勤労を賤しみ、労働者を卑下する風があって、勢ひ勤労を好むと、いふ傾向は皆無である、勤労は人生の最下等の事の様に思ふて居るのは事実である」と当時の職業意識に対し「一般の人間に勤労を好み、寧ろ之を尚ぶ習慣を養成しておくことは、極めて必要なことである。」[2]とし、我が国に内在する職業意識に抗い学校教育における勤労を好む習慣の醸成をもとめた[3]。

　藤本喜八（1990）[4]は、わが国における職業指導には、「児童保護」「社会事業」「教育行政」「職業行政」の4つの流れがあるとした。この中で「児童保護」の流れが一番早く、年少者を保護するため1919（大正8）年、公立施設として初めて大阪市立児童相談所で職業指導が始められた。同所は、満20歳未満を児童として扱い、相談事項の中に「児童の職業の選択紹介及指導に関する事項」が明記されており、これをもってわが国職業指導の歴史の始まりとするのが一般的である。大阪市立児童相談所は我が国初の児童相談所でもあり、尋常小学校や高等小学校を卒業し職に就く年少者に対する職業指導及びその研究を推進した。

　1920（大正9）年に公布された職業紹介法によって、公的に職業紹介機関として職業紹介所が開設され、求人と求職による雇用形態が国民の生活様式の中に深く入り込んだ。1925(大正14)年7月8日の「少年職業紹介ニ関スル件依命通牒」（以下「依命通牒」）が内務省と文部省の連名で出され、年少者職業紹介事業と学校教育との連携が成立した。この通牒については、「両省連名の形式をとりながらも、文部省側にはあまり熱意がなかったと伝えられている。この通牒は、職業紹介所側の職業指導については、全国的運動の出発点となったが、ほとんどの小学校においては旧態のままで、上級学校に進む児童の準備教育にだけ没頭していて、進学や選職上の指導は、全然顧みられていなかった。」[5]状況であったようである。学校教育における勤労を好む習慣の育成はそう易しいことではなかったようである。こうした中で、当時年少者職業紹介の中心であった高等小学校における卒業時の就職や進学のための職業指導の必要性が注目された。

　学校教育に初めて正式に職業指導が位置づけられたのは、1927(昭和 2)年文部省訓令第 20 号「児童生徒ノ個性尊重及職業指導ニ関スル件」においてであった。訓令では「学校ニ在リテハ平素ヨリ児童生徒ノ個性ノ調査ヲ行ヒ其ノ環境ヲモ顧慮シテ実際ニ適切ナル教育ヲ施シ各人ノ長所ヲ発揮セシメ職業ノ選択等ニ関シ懇切周到ニ指導スルコトヲ要ス是ノ如クシテ国民精神ヲ啓培スルト共ニ職業ニ関スル理解ヲ得シメ勤労ヲ重ムズル習性ヲ養ヒ始メテ教育ノ本旨ヲ達成スルニ至ル」[6]とされ、個性調査を基に長所を伸ばし職業選択につなぐと同時に、国民精神を培い職業理解と勤労を重んじることで教育の本旨を達成するとした。同年、大日本職業指導協会（以下「協会」）が設立され、全国的な職業指導組織としてその後の学校教育における職業指導の普及に大きな役割を果たした。同協会は 1928（昭和 3）年 1 月から機関雑誌『職業指導』を発刊し、同年 7 月には小学校児童用の『職業指導読本』を編纂するなど職業指導を子ども及び教師の学びの対象として位置づけた。さらに 1929（昭和 4）年には第 1 回全国職業指導協議会を 3 日間にわたり参会者 450 名をもって開催した、との記録がある[7]。

２．職業指導調査協議会の答申

　こうした取組の成果もあり、職業指導は学校教育に次第に浸透した。「昭和 5 年 4 月に高等小学校用の国定教科書中の『修身書』が改正され、第 1 学年用の巻 1 の 14 課に『職業』なる 1 課が設けられその改定には『職業指導読本』が参考資料として採用された」[8]とある。文部省は 1931（昭和 6）年 11 月、その諮問機関として職業指導調査協議会を発足させた。この協議会は「広く各種の学校その他各方面において行われる職業指導のあり方について検討すること」を目的に文部省社会教育局内に設置され、15 人の委員が委嘱された。16 事項に及ぶ文部大臣の協議事項に対し、1937（昭和 12）年までにつぎつぎと答申がだされ、それらは我が国学校教育に於ける職業指導の指針となるはずであった。協議事項の 2 に「一般教育ニ於テ職業ニ対スル正シキ観念ヲ与ヘ、職業精神ノ涵養ニ努ムルコト」への答申の冒頭に「職業トハ人ガソノ性能ニ応ジテ共同生活ノ或ル部門ヲ分担シ、之ニ参与貢献スルト共ニ、通常之ニ因テ受クル報酬ヲ以テ其ノ生活ヲ維持充実スル継続的勤労ナリ」[9]とある。この部分は職業指導における職業の 3 要素とされる職業概念の基となる。尾高邦雄（1941）[10]は、この部分を引用し、「職業におけ

る右の三つの要件は夫々職業の個人的、社会的及び経済的側面と考へることができよう」(24 ページ) としている。職業指導における公的な調査協議会に求めた「職業ニ対スル正シキ観念」の答申として既に職業の 3 要素を整理していたことは、当時の協議会に携わった委員の職業指導への造詣の深さを物語っている。学校教育における職業指導の指針となるべき 16 の答申であったが、1931 (昭和 6) 年の満州事変及び 1937 (昭和 12) 年の日華事変を経て時局は戦時色を強めていき、それぞれの答申の精神を学校教育に反映することなく戦時体制に入っていった。1938 (昭和 13) 年 4 月 1 日の国家総動員法を受け、それまで市町村立であった職業紹介所 (現在の職業安定所) は同年の「職業紹介法」改正にて国営となり、国家の要請を最重視した人材の配置が行われるようになった。それは職業紹介所の名称にも反映され、41 年に「国民職業指導所」、さらに 44 年から「国民勤労動員署」と名称変更し、労働力に対する国家統制を強めていったのである。

　学校教育もこうした動きに呼応し、1938 (昭和 13) 年 10 月に厚生省・文部省により訓令第 1 号「小学校卒業者ノ職業指導ニ関スル件」が出され、「一層職業指導ノ強化徹底ヲ図リ学校卒業後ニ於ケル児童ノ職業ヲシテ国家ノ要望ニ適合セシムルコト」とし訓令第 20 号の個性尊重の精神から大きく乖離し、職業指導調査協議会の成果も生かされることはなかった。

3．職業指導から進路指導へ

　敗戦後、朝鮮戦争を契機にわが国の経済は復興の一途をたどる。1957 (昭和 32) 年の中央教育審議会の「科学技術教育の振興方策について」の答申にて、「職業指導」が「進路指導」に変更される象徴的な出来事が起こった。本来、「職業指導」も「進路指導」も同一概念であったが、高度経済成長期を迎え、進学率の上昇に伴う高度な知識人や技術者の養成への希求が、「就職指導に偏る印象を与え」[11]る職業指導から進学指導のイメージをもつ進路指導にシフトしたからである。事実、高校進学率は、1955 年 51.5%、1965 年 70.7%、1975 年 91.9%、大学進学率は、1955 年 10.1%、1965 年 17.0%、1975 年 38.4%と急激に上昇した。

　こうした中、職業指導を司る教師の専門職として職業指導主事が 1953 年学校教育法施行規則に明記された。主任制度敷かれたのは 1975 年であり、遡ること 22 年、職業指導の業務の重要性は強く認識されていた。1955 年には「学校にお

ける職業指導は，個人資料，職業・学校情報，啓発的経験および相談を通じて，生徒みずからが将来の進路の選択，計画をし，就職または進学して，さらにその後の生活によりよく適応し，進歩する能力を伸長するように，教師が教育の一環として，組織的，継続的に援助する過程である。」[12]と職業指導は定義され、職業指導主事が司る職務内容を示した。

4．進路指導、キャリア教育と社会正義

　1973（昭和 48）年 3 月に出された労働省職業安定局長の文書「新規高等学校卒業者採用・選考のための応募書類について」にて、「…現在企業から独自に定めて用いている応募書類には、適性・能力と直接関係ない事項が含まれ、しかもこれらの事項を判断の資料として採否の決定が左右される場合があり、事実、片親又は両親を欠く者、心身に障害のある者及び定時制・通信制在学者等に対する差別的な扱いがみられ、とくに同和対策対象地域住民に対する就職に際しての不合理な差別の事例は後を絶たないところである。」と当時の就職における差別的な取り扱いが示された。就職における機会均等、公平性、公正性が確保されず、一部の不利益をこうむる高校生の存在が問題となっていた。この問題への対応が「統一応募用紙」の作成につながった。1973（昭和 48）年度労働省、文部省及び全国高等学校校長協会の協議により定められた様式を「統一応募用紙」として新規高卒者の応募用紙として全国で使用するようになり、就職差別の解消に一歩近づいた。その後も 1996 年に我が国の「あらゆる形態の人権差別の撤廃に関する国際条約」の加盟などさらなる人権意識の高まりの中一部様式の変更行われた。進路を選択・決定しその後の進路や生活に適応するための準備支援をする進路指導が、人権上の公正・公平問題に正面から取り組み社会正義を標榜したのである。

　折からの高校や大学への進学率の高まりの中、進路指導は進学先の質を偏差値に求める進学指導にシフトし、文部省（1991）は「私立の 6 年制一貫校や国立の一部の附属中学校への小学校の受験準備が、既にある危険水域を越えたと判定せざるを得ない事態」[13]と表現し、当時の認識をつたえている。生徒の主体的な選択ではなく偏差値という尺度で進学指導を行う進路指導が容認され、過激化する受験指導が小学校にまで拡大したとの問題性が伝えられた。中澤（2014）が「業者テストが問題視され、当時の文部省からその廃止、学校からの排除が通達され

たのは…（中略）。一度目は 1976 年、二度目は 1983 年であったが、このとき様々な問題点が指摘されながらも、結局学校現場に業者テストは残り続けた」14)と指摘するように、偏差値の元凶であった業者テストへの批判は存在したが、文部省ですら蔓延する偏差値主体の進路指導を改善するには至らなかった。こうした中、1992（平成 4）年、埼玉県の教育長が高校入試における偏差値の使用禁止を通知したことで流れは大きく変わった。事実上傍観していた文部省も時の鳩山文部大臣のものとで本来の進路指導へ舵を切った。1993（平成 5）年 1 月、文部省「高等学校教育改革推進会議」は中学校から業者テストを排除する報告書を提出した。具体的には、私立高校の入学者選抜に際しての結果（偏差値）の提供、及び授業中の実施や教師の監督などの関与を禁止する内容であった。さらに、同年 8 月　文部省は以下の「指導の転換をはかるための基本的視点」4 点を示した。4 点とは、「・学校選択の指導から生きる力の指導への転換、・進学可能な学校の選択から進学したい学校の選択への指導の転換、・100％の合格可能性に基づく指導から生徒の意欲や努力を重視する指導の転換、・教師の選択決定から生徒の選択決定への指導の転換」であり、本来の進路指導への回帰に他ならない。事前相談そのものに選抜における公平性に欠けたメカニズムが存在し、進路を選択する上での公平性が重要な課題となり、進路指導を進める上での社会正義が強く意識された出来事であった。

　偏差値不提示の口火を切った埼玉県教育長は、前職は埼玉県企画財政部長で労働省からの出向であった。学校教育における職業指導、進路指導改革の口火をきったのは、戦前は内務省であり、戦後は労働省サイドからであることは興味深い。教育行政そのものに内在する進路を選択する上での不正義に対する自浄作用が、労働行政との比較において遅れをとる傾向にあることは残念なことである。

5．教育が直面した新たな課題と「生きる力」

　進路指導を取り巻くこうした流れの中、1996（平成 8）年「21 世紀を展望した我が国の教育の在り方について」中央教育審議会　第一次答申　「－子供に［生きる力］と［ゆとり］を－」にて、「いかに社会が変化しようと、自ら課題を見つけ、自ら学び、自ら考え、主体的に判断し、行動し、よりよく問題を解決する資質や能力、自らを律しつつ、他人とともに協調し、他人を思いやる心や感動する心な

どの豊かな人間性、たくましく生きるための健康や体力など」と「生きる力」を、課題を見つけ解決する資質や能力、豊かな人間性、健康や体力と同定した。

　第一次答申では、特に重要な課題として、「過度の受験競争の緩和」と「いじめ・登校拒否の問題」を挙げた。前者は進路指導の課題であり、後者は生徒指導の課題であるが、双方とも共通したガイダンスの課題ではあったが、1997（平成 9）年の第二次答申では後者は姿を消した。さらに翌年 1998（平成 10）年には「総合的な学習の時間」が小学校 3 年生から高校 3 年生までに設置された。当初の趣旨は、課題解決能力の育成と問題の解決や探究活動に取り組み自己の生き方を考えるようにすることとされ、例示項目として国際理解、情報、環境、福祉・健康が示された。「生きる力」や「自己の生き方」との語句は、進路指導との強いつながりを感じられた。そして、1999（平成 11）年に中央教育審議会答申「初等中等教育と高等教育との接続の改善について」（答申）（以下「接続答申」）でキャリア教育が登場した。既述のように「接続答申」の定義は、これまでの進路指導と何ら変わる所がなかった。「指導の転換をはかるための基本的視点」に示された語句を逆転させると、「生きる力の指導ではない学校選択の指導」「進学したい学校の選択への指導ではなく進学可能な学校の選択」「生徒の意欲や努力を重視する指導ではなく 100％の合格可能性に基づく指導」「生徒の選択決定への指導ではなく教師の選択決定」となり、偏差値の不提示が示された当時の進路指導の実態は「接続答申」の定義とは程遠いものであった。

　突如登場したキャリア教育であるが、本来の進路指導への回帰に役割を果たす。この経過を、この時期の報告書等の記載を基に検討した。2002（平成 14）年の『児童生徒の職業観・勤労観を育む教育の推進について（調査研究報告書）』では、その後のキャリア教育を展開する上で指標となる「職業観・勤労観を育む学習プログラムの枠組み（例）－職業的（進路）発達に関わる諸能力の育成の視点から」（以下「枠組み（例）」）が示された。「第 3 章　今、進路指導の在り方の何が問われているのか」では誤った進路指導のイメージの是正をねらい、「第 4 章　職業観・勤労観を育む進路指導をどのように進めるか」では、進路指導を展開する上での「学習プログラム」の位置づけを示し、同プログラムに記載のある能力領域や具体的な能力の記述は、「進路指導」の誤った概念を払拭し本来の姿を取り戻す重要な役割を担った。ただ、同報告書にはキャリア教育という語句は登場しない。

2004（平成16）年の文部科学省『キャリア教育の推進に関する総合的調査研究協力者会議報告書〜児童生徒一人一人の勤労観、職業観を育てるために〜』（以下「協力者会議報告書」）がある。まず進路指導については「キャリア教育との間に大きな差異は見られず、進路指導の取組は、キャリア教育の中核をなす」（14頁）とし、本来の姿から乖離した進路指導に対し、「キャリア教育は、このような進路指導の取組の現状を根本的に改革していくために要請されたと言うことができる」とし、キャリア教育は進路指導改革の要請をうけ登場したとした。ただ、この段階でも、両者の関係は明確にされておらず、あいまいな関係性の中で学校現場では実践が求められた。「協力者会議報告書」の22頁では「『枠組み（例）』は, キャリア教育における学習プログラムの枠組みの一つのモデルと見なすことができる」とまでキャリア教育とのつながりを強調された「枠組み（例）」（2002年）であるが、もう一つの機能としてわが国にcompetency-based の概念を持ち込んだといえる。ジェネリック・スキルの拡大期でもあり, 2004（平成16）年の「就職基礎能力」（厚生労働省), 2006（平成18）年の「社会人基礎力」（通商産業省), 2008（平成20）年の「学士力」（文部科学省）などの端緒となった。

6．ニート、フリーター対策とキャリア教育

　2003（平成15）年に「若者自立・挑戦プラン」が示される。本プランは若者自立・挑戦戦略会議として、文部科学大臣、厚生労働大臣、経済産業大臣、経済財政政策担当大臣の4人によってたてられたもので、我が国の人材としての若者の就業状況が無業者・フリーターの増加や高まる離職率で危機感を感じた国が「フリーターが約200万人、若者失業者・無業者が約100万人と増加している」との現状認識のもと、「すべてのやる気のある若年者の職業的自立を促進」することで、現況の転換を図った。その「7.具体的な政策の展開」（1）具体的政策　1）教育段階から職場定着に至るキャリア形成及び就職支援」の中の取組の一つに（キャリア教育、職業体験等の推進）を掲げ「a. 勤労観・職業観の醸成を図るため、学校の教育活動全体を通じ、子どもの発達段階を踏まえた組織的・系統的なキャリア教育（新キャリア教育プラン）を推進する。このため、学習プログラムの開発や教員研修の充実などを図り、各学校の取組を促進する。」とした 15)。ここで初めてキャリア教育は政策の一翼を担った。

　文部科学省はこれを受け、「若者自立・挑戦プラン（キャリア教育総合計画）推進の一環として、文部科学省は 2004 年度より「新キャリア教育プラン推進事業」に着手した。同推進事業では、児童生徒の勤労観、職業観を育てるためのキャリア教育を一層推進するため、推進地域を指定し、小・中・高等学校における組織的・系統的な指導内容・方法を開発するとともに、フォーラムを通じてキャリア教育の普及・啓発を図った。また、インターンシップ推進体制の強化のため、関係者による連絡協議会を開催するほか、再度必要な知識を習得するための「学びなおし」の機会を提供する事業を実施した。同年には、「新キャリア教育プラン推進事業」のキャリア教育推進地域として 43 都道府県 1 政令市 45 地域（三重県のみ 2 地域）が指定をうけ、小学校 110 校、中学校 86 校、高等学校 80 校合計 276 校が実践協力校として 3 年間をかけ推進事業に参画することになった。前後し、2003（平成 15）年には『平成 15 年版国民生活白書〜デフレと生活−若年フリーターの現在〜』が出され、フリーターを 15 歳から 34 歳の若年（学生、主婦除く）のうち、パート、アルバイト及び働く意思のある無職の人と定義し、2001（平成 13）年にはその数が 417 万人に至ると指摘し、当時は大きな衝撃を我が国に与えた。

　こうした衝撃的な出来事の中で、キャリア教育に付託されたものが錯綜していったが、「新キャリア教育プラン推進事業」が目指したものは学校教育活動で進路指導が目指したものと軌を一にしており、進路指導改革の要請をうけキャリア教育は登場したのである。キャリア教育はニート、フリーター対策の一方策ではあったが、キャリア教育そのものがニート、フリーター対策として誕生したわけではないことはここで確認されたい。

7．教育関連法令の大幅改定と学習指導要領におけるキャリア教育

　2006（平成 18）年 12 月に行われた教育基本法改正では、第二条に教育の目標を付け加え、「個人の価値を尊重して、その能力を伸ばし、創造性を培い、自主及び自律の精神を養うとともに、職業及び生活との関連を重視し、勤労を重んずる態度を養うこと。」を示した。旧法の第 1 条教育の目的「個人の価値をたつとび、勤労と責任を重んじ」の部分に対し、個の成長を促し、職業生活や社会生活と関連し、働くことを重視する教育を具体的に改めて求めた。さらに、2007（平成 19）

年6月、一部改正された学校教育法では、第21条義務教育の目標を10項目示し、そのひとつを「10　職業についての基礎的な知識と技能、勤労を重んずる態度及び個性に応じて将来の進路を選択する能力を養うこと。」とした。この目標については教育基本法第5条第2項に規定する義務教育の目的を実現するためとし、小学校からの「進路を選択する能力を養う」ことを求めた画期的な法律の条文であった。翌年2008（平成20）年7月に示された第一次教育振興基本計画では、「勤労観・職業観や知識・技能をはぐくむ教育（キャリア教育・職業教育）の推進」としてキャリア教育の推進が推奨され、その結果、翌年改訂の高等学校学習指導要領にキャリア教育が初めて入ったのである。残念ながら小学校及び中学校の学習指導要領は、第一次教育振興基本計画に4カ月遡る2008年3月に改訂されてしまったため、次回の2017（平成29）年の改訂を俟つことになったのである。

　2011（平成23）年の中央教育審議会答申「今後の学校教育におけるキャリア教育・職業教育の在り方について」（以下「在り方答申」）が示された。答申はキャリア教育を「一人一人の社会的・職業的自立に向け、必要な基盤となる能力や態度を育成することを通して、キャリア発達を促す教育」と再定義した。さらに、「枠組み（例）」に示されたキャリア発達にかかわる諸能力を「基礎的・汎用的能力」に代替した。

　「在り方答申」から二か月後に出された『中学校キャリア教育の手引き』（以下『手引き』）は、新たなキャリア教育の枠組みが示された最初の手引きであり、「基礎的・汎用的能力」への移行が「キャリア発達にかかわる諸能力」の抱える課題として説明がなされた。説明の論点は以下の三つであった。端的に示すと、①諸能力は高等学校までにとどまり社会人として求められる能力として示されていない。②例示にも関わらず、現場では固定的に捉えている。③説明が不十分なまま〇〇能力とラベル付けをし、印象に依拠した実践が散見される、であった。ただし、こうした課題についてのエビデンスの提示や十分な説明のないまま、「基礎的・汎用的能力」への移行が進み、現場では「2011年に基礎的・汎用的能力が登場するが、現場の立場として登場の唐突感はやはり否めなかった。」[16]と回想する教員もいた。

　新たな学習指導要領については、2016（平成28）年12月の「幼稚園、小学校、中学校、高等学校及び特別支援学校の　学習指導要領等の改善及び必要な方策等に

ついて」（答申）（以下「2016 答申」）を経て、2017（平成 29）年 3 月に小学校と中学校の学習指導要領が告示された。ここで重要なことは、キャリア教育が登場し、18 年が経過し始めて進路指導との関係が整理されたことである。中学校学習指導要領総則（2017）では、「生徒が，学ぶことと自己の将来とのつながりを見通しながら，社会的・職業的自立に向けて必要な基盤となる資質・能力を身に付けていくことができるよう，特別活動を要としつつ各教科等の特質に応じて，キャリア教育の充実を図ること。その中で（筆者下線），生徒が自らの生き方を考え主体的に進路を選択することができるよう，学校の教育活動全体を通じ，組織的かつ計画的な進路指導を行うこと。」と整理された。下線部の「その中で」が示すように、進路指導はキャリア教育に包摂される。次に、両者を三つの観点で対比したのが**表 1** である。キャリア教育では発達的側面が重視され、進路指導では、選択決定を中核とした移行支援が中心となっている。この相違こそ、1999 年にキャリア教育の登場を促した当時の進路指導に付与すべき新たな概念であったのではないだろうか。

観点	方法	目標	教育課程
キャリア教育	学ぶことと自己の将来とのつながりを見通しながら、	社会的・職業的自立に向けて必要な基盤となる資質・能力を身に付けていくことができる	特別活動を要としつつ各教科等の特質に応じて、キャリア教育の充実
進路指導	生徒が自らの生き方を考え	主体的に進路を選択することができる	学校の教育活動全体を通じ、組織的かつ計画的な進路指導を行う

表 1　キャリア教育と進路指導の関連

　また、要とし各教科等の特質に応じて，キャリア教育の充実を図ることが求められた特別活動では、小中高の学級（ホームルーム）活動の第 3 項に「人一人のキャリア形成と自己実現」が明記された。キャリア形成についても「社会の中で自分の役割を果たしながら，自分らしい生き方を実現していくための働きかけ，その連なりや積み重ねを意味する。」[17]と定義され、12 年間を通したキャリア形成を中核とした発達支援のキャリア教育実践が、中学校、高等学校における進路指導との関係性の中で展開されるといった整理がなされた。実に職業指導が登場

し102年後の出来事であった。

2020年には、「小学校から高等学校を通じて、児童生徒にとっては、自らの学習状況やキャリア形成を見通したり、振り返ったりして、自己評価を行うとともに、主体的に学びに向かう力を育み、自己実現につな」ぎ、発達支援をさらに強化するツールとしてキャリア・パスポートが導入された。小中高12年間のキャリア形成のプロセスを児童生徒が記録し振り返り、その記述を基に教師と対話的にかかわる本ツールのキャリア教育・進路指導における汎用性は今後も期待される。

8．まとめに代えて

児童生徒の学校生活や職業生活への移行を支援する活動として進路指導・キャリア教育は、その成立時の職業指導の時期から、時代の要請を背景に途切れのない連鎖の中で現在に至っている。それは、人間が学ぶことや働くことを通して自らの生き方を獲得する営みの歴史でもあった。職業指導として教育活動が成立する以前に存在したわが国の職業的価値観そのものがこの活動への要請を高めたのである。そうした中で、社会事業や職業行政に支援され学校教育に浸透したこの教育活動は、学校そのものに対し、進学や就職の移行先としての社会に開かれた状態であることを求めた。一方、その関係性は社会の影響を直接受けるダイナミズムを学校に内包する教育活動としてこの教育活動を位置付けた。それは戦時体制の職業指導や戦後の高度経済成長期の進路指導に於いて顕著であった。さらに、生き方を主体的に決定する人権への擁護も社会正義の観点から要請された。「統一応募用紙」の策定や偏差値不提示などはこうした流れから、社会からの影響に対し、正義を吟味することで社会に影響を与える作用も生み出した。

小中高の12年間をつなぐ教育活動としてキャリア教育が成立したのは、職業指導登場後、一世紀が経過してからであった。その中で、主体的な選択決定に至る操作的な活動が中心である進路指導と、それらを内包し、学校教育活動における総体的な学びを拠点とし一人一人の社会的・職業的発達をめざすキャリア教育の新たな枠組みも示されたのである。

「深め、極める」方法として、現状の教育内容や教育方法の観点で極め、深めていく方法もあるが、その教育活動の淵源に遡り、現在までの轍を辿ることで極

め、深める方法もある。今回は後者を選択させていただいた。キャリア教育のキャリアは、後期ラテン語の carrāria を語源とし、人や乗り物の通った「轍」との意味を持ち合わせていた [18]とすると、包括的に人のあゆみを捉えるキャリア教育活動ゆえにこうした極め方、深め方が許されるのではないだろうか。

〈引用・参考文献〉

1) 同文館『小学校事彙』第 2 版の第 5 編教授、管理訓練第 1 章各科教授の要旨第 11 節、手工科第 2、教授要旨の解説　1904 年、17 頁

2) 同文館、前掲書、18 頁

3) 三村隆男（2005）わが国に少年職業指導創始期における職業指導論の展開－大阪市立児童相談所の設立に焦点をあてて－、進路指導学研究第 23 巻第 1 号、11-22 頁

4) 藤本喜八（1990). 進路指導の歩み－戦前篇（職業指導）－、進路指導年報、6、日本進路指導学会、2 頁

5) 藤本喜八（1998）「第 4 節大正期の職業指導」『日本における進路指導の生成と展開』日本進路指導協会、42 頁

6) 文部省構内実業補習教育研究会『児童生徒の個性尊重及び職業指導』1927 年、2 頁

7) 財団法人日本職業指導協会（1972）『日本職業指導（進路指導）－発達史資料』、77 頁

8) 財団法人日本職業指導協会（1977）『日本職業指導（進路指導）－発達史（日本職業指導協会活動（前期）を中心として－）、35 頁

9) 大日本職業指導協会編（1938）職業指導パンフレット、第 13 集

10) 尾高邦雄（1941）『職業社会学』岩波書店

11) 日本進路指導協会（1998）日本における進路指導の成立と展開、118 頁

12) 文部省(1955)『中学校・高等学校 職業指導の手びき－管理・運営編』

13) 文部省（1991）『第 14 期 中央教育審議会審議経過報告―学校制度・生涯学習』大蔵省印刷局、20 頁

14) 中澤渉（2014）「教育政策が全国に波及するのはなぜか―業者テスト問題への対処を事例として－『東京大学大学院教育学研究科研究紀要第 44 巻』東京大学教育研究科、149-157 頁

15) 若者自立・挑戦戦略会議、文部科学大臣、厚生労働大臣、経済産業大臣、経済財政政策担当大臣（2003）若者自立・挑戦プラン（https://www5.cao.go.jp/keizai-shimon/

minutes/2003/0612/item3-2.pdf)

16) 野崎倫子（2022）中学校における 16 年間のキャリア教育実践を振り返って－キャリア
教師の発達の局面から－、早稲田キャリア教育研究第 13 巻、8-15 頁

17) 文部科学省（2017）小学校学習指導要領解説特別活動編、57 頁

18) † 1 b. transf. The course over which any person or thing passes; road, path way.
The Oxford English Dictionary Second Edition Vol. II, Clarendon Press・Oxford,
1989, 895

おわりに

　本書の「おわりに」を執筆するにあたり、個人で所蔵している古そうな教育学辞典を開いてみた。篠原助市『教育辞典』（大正11年）と入澤宗壽『入澤教育辞典』（昭和7年）の2冊である。

　「学校教育」の用語は、篠原の辞典には項目立てされていなかったが、入澤の辞典では、「学校にて行はるゝ教育。家庭教育社会教育に対する語。一定の教育を系統的継続的に授くるをその任務とする。学校教育は現今教育に於て主要なる部分を占め、社会生活の複雑化、分業化に従ひ従来、家庭及び社会に於て為されたる教育も次第に学校教育の中に含まるゝに至った。従つて単に教授にのみ努めず、ひろく家庭及び社会を考慮し、且つ協力してその効果をあぐることに努めるべきである。」（旧字体は修正、以下同じ）と説明されていた。

　社会生活の複雑化への対応は、背景は異なれども現在も続いているし、今後それに拍車がかかることが予想されており、これは現代的課題でもある。家庭や社会での教育の学校による補完は、一定程度続くかもしれないが、拡張し続けてきた学校教育の役割は、カリキュラム・オーバーロード（過積載）や働き方改革、家庭のレジリエンスなどの言葉に表されているように、転換点を迎えようとしている。しかし今なおこの定義が真実味を残しているところは、家庭及び社会を考慮して効果や効力のある「学校教育」を深め究めていくために、学校教育の理論と実践を努めて探究するべしという課題は続いている、というところではないだろうか。

　もう一冊、古典的名著といえる阿部重孝『欧米学校教育発達史』（昭和5年）を紐解いてみよう。

　阿部は、なぜ「教育史」（教育の歴史）としないで、「学校教育の発達史」とし、「学校教育」の発達の歴史に着眼したのだろうか。同書には、「大体中世までは、主として実際教育の変遷を取扱っているが、近世以降になると、寧ろ教育思想家を説くに急であって、実際教育の発達、特に近世教育の一つの特色である『制度化せる教育』の発達に余り重きを置いていない」からであると、理由を明かしている。つまり、阿部の関心は「制度化された実際教育」にあったのである。そし

て、「凡そ教育を研究して多少でも教育の実際に貢献しようといふのならば、必ず制度化された教育の研究をおろそかにすることは出来ない」と断じている。

　学校教育の使命は、阿部に従えば、多少なりとも「教育の実際に貢献」するところにある。授業やカリキュラムとして、校務として、法制としてかたちになっている、もしくはかたちになりつつある教育の現実の姿に真摯に向き合って研究し、使命を全うすることである。これを未来に向けて俯瞰するならば、これからかたちづくられていく教育の未来もまた、実際の教育の発達に重点をおくということである。学校教育学は、実際教育を発展させるために、未来志向で探究的に深め・究めることを生業としながらも、根本において教育の現実に根ざすことを求める学問・実践領域ということができるだろう。

　あらためて振り返ると、「日本学校教育学会」の創設趣意書には、以下のように説明されていた。

　「理論と実践の結合とは、（略）社会の構造分析と教育の組織構造・内容・方法分析とを組み合わせ、教育現実をよく『説明』『予知』する新理論の模索・創造を意味するものである。」これには「知」のパラダイム転換が含まれていて、「この課題への挑戦を十分に意識するのでなければ、本学会の存在意義はない」と宣言している。学校内外に生起する教育現実を的確に捕捉・説明するに留まらず、未来の展望と地平を予知し、有用な理論と実践を本学会の日常的な学術活動を通して模索・創造することが、創設趣意書からうかがい知ることのできる本学会の使命と受けとめることができる。

　本書の企画は、2019.8-2021.8 期の日本学校教育学会研究推進委員会が中心となり編集し、学校教育の今を各会員の専門的な視野から論じたものである。アクティブラーニングの流れを受け、学校教育において子どもたちには、「深い学び」が求められている。子どもたちに求められる深い学びは、私たちの立場でいえば、それぞれの専門において学校教育の賢智を深め、究極目的としての「究める」を志向するところに創出されるにちがいない。

　2022 年 9 月

2019.8-2022.8 期研究推進委員会委員長

日本学校教育学会会長　原田　信之

執筆者紹介

安藤　知子（あんどう　ともこ）上越教育大学・教授　担当：はじめに、第 1 章
『学校ガバナンス改革と危機に立つ「教職の専門性」』（共著）学文社、2020 年、
『学級の社会学』（共編著）、ナカニシヤ出版、2013 年、『教師の葛藤対処様式
に関する研究』（単著）多賀出版、2005 年

宇都宮　明子（うつのみや　あきこ）島根大学・准教授　担当：第 4 章
『新しい歴史教育論の構築に向けた日独歴史意識研究』（単著）風間書房、2020
年、『教師教育講座第 13 巻　中等社会系教育』（共著）、協同出版、2014 年、『現
代ドイツ中等歴史学習論改革に関する研究』（単著）、風間書房、2013 年

菅原　至（すがわら　いたる）上越教育大学・教授　担当：第 2 章
「制度としての学校と被災経験の狭間で生きる教師」（単著）『上越教育大学研
究紀要』第 41 巻第 2 号、2022 年、「これからの学校教育を支える実践知の手が
かりを求めて」（単著）『学校教育研究』第 34 号、2019 年、「分散型リーダーシッ
プ実践に着目した学校改善に関する研究」（単著）『学校教育研究』第 31 号、
2016 年

鈴木　久米男（すずき　くめお）岩手大学・教授　担当：第 5 章
「学校の危機に対する教員等の認識の実態」（単著）『安全教育学研究』第 20
巻第 2 号、2021 年、「教職大学院におけるスクール及びミドルリーダー養成の
現状に関する一考察」（共著）『日本学校教育学会年報』第 3 号、2021 年、「指導
主事の役割認識と現状認識との関係」（単著）『学校教育研究』第 35 号、2020 年

田中　謙（たなか　けん）日本大学・准教授　担当：第 6 章
「言語障害児支援における北海道言語障害児教育研究協議会の創設とその組
織特性」（単著）『学習社会研究』第 4 号、2022 年、「東京都旧保谷市における
公立通園事業の展開過程と地方政治」（単著）『社会福祉学』第 61 巻第 4 号、

2021 年、『デザインする保育内容指導法「言葉」』（編著）教育情報出版編著、2019 年

棚野　勝文（たなの　かつのり）岐阜大学・教授　担当：第 3 章
「日本型学校教育における生徒指導の所在」（単著）『日本教育経営学会紀要』第 60 号、2018 年、「大正期－昭和初期の中学校における職員会議機能」（単著）『教育行財政研究』第 42 号、2015 年、「昭和戦時体制期の中学校における職員会議の機能と実態」（単著）『日本教育経営学会紀要』第 55 号、2013 年

蜂須賀　洋一（はちすが　よういち）上越教育大学・准教授　担当：第 7 章
『公民科教育と学校教育 ： 人権と法で深める探求のテーマ 78』（共著）、三恵社、2021 年、『小学校・中学校における安全教育』（分担）、培風館、2020 年、『東アジアにおける法規範教育の構築－市民性と人権感覚に支えられた規範意識の醸成－』（分担）、風間書房、2020 年

林　幸克（はやし　ゆきよし）明治大学・教授　担当：第 8 章
『高等学校と警察の連携が拓くボランティア活動』（単著）、学文社、2021 年、『改訂第 2 版　特別活動の理論と実践』（共編著）、電気書院、2020 年、『高校生の市民性の諸相』（単著）、学文社、2017 年

原田　信之（はらだ　のぶゆき）名古屋市立大学・教授　担当：第 9 章、おわりに
『カリキュラム・マネジメントと授業の質保証』（編著）、北大路書房、2018 年、『ドイツの協同学習と汎用的能力の育成』（単著）あいり出版、2016 年、『ドイツの統合教科カリキュラム改革』（単著）ミネルヴァ書房、2010 年

三村　隆男（みむら　たかお）早稲田大学・教授　担当：第 10 章
「深い学び再考－Post Covid-19 を見据えて－」（単著）『学校教育研究』第 35 号、2020 年、『書くことによる生き方の教育の創造』（単著）、学文社、2013 年、「わが国に少年職業指導創始期における職業指導論の展開」（単著）『進路指導研究』第 23 巻第 1 号、2005 年

学校教育を深める・究める

2022年11月24日　初版発行

編　集	日本学校教育学会研究推進委員会
編集代表	原田　信之
著　者	安藤　知子　　　宇都宮　明子
	菅原　至　　　　鈴木　久米男
	田中　謙　　　　棚野　勝文
	蜂須賀　洋一　　林　幸克
	三村　隆男

発行所　　株式会社　三恵社
〒462-0056 愛知県名古屋市北区中丸町2-24-1
TEL 052 (915) 5211
FAX 052 (915) 5019
URL http://www.sankeisha.com

乱丁・落丁の場合はお取替えいたします。
ISBN978-4-86693-703-8 C3037 ¥2400E